조금 예민하지만 잘 살고 있습니다:
스몰 스텝, 그 두 번째 이야기

조금 예민하지만 잘 살고 있습니다: 스몰 스텝, 그 두 번째 이야기

초판 1쇄 발행 2025년 8월 25일

지은이 : 박요철, 김세엽, 문수정
발행인 : 박요철
편집장 : 박요철
편집 : 정은진
디자인 : 안은정

펴낸 곳 : 비버북스
출판신고 : 2024년 8월 25일 제 2024-000104호
주소 : 경기도 성남시 분당구 서현로478번길 7
문의 : hiclean@gmail.com
ISBN : 979-11-988900-0-9(03810)
값 15,900원

이 책은 저작권법에 의해 보호받는 저작물이므로 무단 전제와 무단 복제를 금지하며 이 책 내용의 전부 또는 일부를 인용하거나 발췌하려면 반드시 저작권자와 비버북스의 서면 동의를 받아야 합니다.

파본이나 잘못된 책은 구입하신 곳에서 바꿔드립니다.

이 도서의 국립중앙도서관 출판예정도서목록(CIP)은 서지정보유통지원시스템 홈페이지(scoji.nlgo.kr)와 국가자료공동목록시스템(www.nlgo.kr/kolirkrkd강net)에서 이용하실 수 있습니다.

조금 예민하지만 잘 살고 있습니다:
스몰 스텝, 그 두 번째 이야기

목차

프롤로그
조금 예민하지만, 조금 더 나은 삶   14

1부. 박요철의 이야기   20
스몰 스텝, 하지 않을 용기   22
오래 된 카톡 창을 쓸어내리며   27
첫째가 자퇴하던 날   32
둘째도 자퇴했습니다   37
아들의 삼수를 지지하는 이유   43

2부. 김세엽의 이야기   48
스몰스텝을 만났다   50
운동을 하는 삶으로   56
나노인간의 별난 습관   63
딸아이와 상담을 시작하다 I   70
딸아이와 상담을 시작하다 II   76

나노인간, 액션플랜도 별나다	83

3부. 문수정의 이야기   **90**

잠 못 이루는 밤을 지나서	92
변화를 갈망하는 독재자	100
이상한 나라의 스몰 스텝	105
시간에도 쉼표가 필요한 이유	112
4시의 들숨날숨	118
안하겠습니다. 못하겠습니다!	122

조금 예민한 수다 (1)   **128**

4부. 박요철의 이야기   **162**

스몰 스텝의 역설 Ⅰ	164
스몰 스텝의 역설 Ⅱ	168
내 인생의 불청객, 공황발작	173
하마터면 열심히 달릴 뻔했다	177
우울해질 때는 청소를 한다	182

달리면 알게 되는 몇 가지 것들	188

5부. 김세엽의 이야기   **194**

나의 아저씨들에게서 배우다	196
스몰스텝에 플로우를 더하면	203
스몰 스텝, 새로운 발견들 속으로	210
'어른의 삶'엔 필수, 재정 루틴 I	218
'어른의 삶' 엔 필수, 재정 루틴 II	224

6부. 문수정의 이야기   **234**

데쓰노트를 감정노트로	236
겨우 이 정도의 행복	243
밥을 먹기 시작했습니다	245
가지덮밥과 한 걸음씩	251
평범한 일상을 눈부시게	256
요동치는 삶에서 평안한 삶으로	261

조금 예민한 수다 (2)　　　　　　　**266**

에필로그
과정이라 여겼던 것, 모두 작은 완결이었음을 _김세엽　298
자기다운 삶에는 성공도 실패도 없다_문수정　　304

프롤로그

프롤로그 – 조금 예민하지만, 조금 더 나은 삶

우리는 살아가면서 크고 작은 결정을 내린다. 때로는 그 결정이 삶의 방향을 송두리째 바꿔놓기도 하고, 때로는 아주 사소한 듯 보이지만 결국에는 삶의 결을 형성하는 중요한 한 걸음이 된다. 이 책, 『조금 예민하지만 잘 살고 있습니다: 스몰 스텝, 그 두 번째 이야기』는 바로 그런 작은 한 걸음, 스몰 스텝(Small Step)의 의미를 이야기한다.

어떤 이는 한순간의 결단으로 직장을 떠나고, 또 다른 이는 아이들의 교육 문제로 예상치 못한 선택을 하며, 누군가는 오랜 시간 쌓여온 내면의 문제를 마주하며 새로운 습관을 만들어간다. 우리는 각자의 방식으로 인생의 작은 걸음을 내디디며, 때로는 흔들리고 때로는 다시 일어나며, 우리만의 속도로 삶을 살아간다.

스몰 스텝, 삶을 변화시키는 작은 힘

살다 보면 누구나 변화가 필요하다고 느끼는 순간이 온다. 하지만 우리는 종종 그 변화를 이루어내기 위한 과정이 막연하고 벅차게 느껴져서 시작조차 하지 못한다. 어쩌면 우리는 너무 거창한 목표를 설정하고, 너무 빠른 성취를 기대하는 것은 아닐까? '스몰 스텝'은 우리가 변화하는 방식을 다시 생각하게 만든다. 거대한 도약이 아니라, 작지만 지속 가능한 한 걸음을 내딛는 것. 한 번에 모든 것을 바꾸려 하기보다, 오늘 할 수 있는 작은 노력을 더하는 것. 스몰 스텝은 그렇게 부담스럽지 않은 방식으로 우리를 변화의 길로 이끈다. 작은 변화는 점점 쌓여 습관이 되고, 습관은 결국 우리의 삶을 바꾼다.

이 책에 담긴 이야기들은 모두 그러한 작은 걸음의 중요성을 보여준다. 누구나 쉽게 따라 할 수 있는 작은 실천이 어떻게 삶을 바꿀 수 있는지, 그리고 그 과정에서 겪게 되는 시행착오와 깨달음이 어떻게 우리를 성장하게 하는지를 담고 있다.

스몰 스텝을 실천한 세 사람의 이야기

이 책은 세 명의 저자가 각자의 삶 속에서 발견한 스몰 스텝의 가치를 기록한 것이다. 우리는 저마다 다른 환경에서 자라왔고, 다른 일을 하며 살아가고 있지만, 공통적으로 '작은 걸음'이 삶을 바꿀 수 있다는 믿음을 가지고 있다.

박요철 작가는 직장 생활을 떠나 홀로 일하며 겪은 시행착오와 깨달음을 통해, 어떻게 하면 불안 속에서도 자신의 길을 찾을 수 있는지를 이야기한다. 그는 '하지 않을 용기'도 스몰 스텝의 중요한 요소임을 강조한다. 불필요한 것들을 줄이고, 정말 중요한 것에 집중하는 법을 배우는 과정에서 삶의 균형을 찾을 수 있었다.

김세엽 작가는 오랜 공무원 생활 속에서 자신을 돌보는 법을 터득하며, 작은 습관이 어떻게 자존감과 자신감을 회복하는 데 도움을 줄 수 있는지를 보여준다. 그는 운동, 글쓰기, 명상 같은 소소한 습관이 삶의 질을 높이고 더 나은 방향으로 나아가게 만드는 힘이 있다고 이야기한다.

문수정 작가는 작은 변화의 힘을 믿는다. 자신의 삶에서 불편함을 해체하고 다루는 법을 배웠으며, 작은 실천이 감정을 조절하고 삶을 긍정적으로 변화시키는 데 중요한 역할을 한다는 것을 깨달았다. 그녀의 이야기는 스몰 스텝이 단순히 행동의 변화뿐 아니라, 내면의 변화를 이끌어낼 수 있음을 보여준다.

당신의 스몰 스텝은 무엇인가요?

이 책은 완벽한 성공담도, 거창한 철학도 아니다. 대신, 실패하고 좌절하며, 하지만 포기하지 않고 다시 시작하는 과정에 대한 기록이다. 그리고 무엇보다, 우리 모두가 각자의 방식으로 스몰 스텝을 실천할 수 있음을 이야기하고자 한다. 우리는 누구나 각자의 자리에서 삶을 고민하고, 작은 변화의 가능성을 모색하며, 결국은 더 나은 삶을 향해 한 걸음씩 나아가고 있다. 중요한 것은 '완벽한 계획'이 아니라, '실천 가능한 한 걸음'을 시작하는 것이다.

이 책이 당신에게도 작은 스몰 스텝이 되기를 바란다. 무언가를 크게 바꾸려고 애쓰기보다, 오늘 할 수 있는 작은 실천 하나를 찾아보는 것. 그것이 우리가 더 나은 삶을 향해 나아가는 첫 번째 걸음일 것이다.

1부. 박요철의 이야기

스몰 스텝, 하지 않을 용기

홀로 일한 지 이제 7년 차가 되었다. 풍요롭진 않지만, 예대 입시를 준비하는 아이들의 뒷바라지를 할 만큼은 벌었다. 그러나 위기는 언제나 예고 없이 찾아온다. 갑자기 잔금을 받지 못하기도 하고, 느닷없이 클라이언트의 냉정한 문자를 받아 이미 받은 돈을 돌려줘야 하는 상황을 맞기도 한다. 아무리 조심조심 디딤돌을 밟아도 한순간 첨벙하고 불안이라는 물속 깊은 곳에 빠질 때면 대책 없이 허우적

댈 수밖에 없다. 그 두려움과 외로움은 아무리 반복해도 익숙해지지 않는다. 그리고 그럴 때면 마음속 빈곳을 채우기 위해 무언가를 사곤 한다. 당장의 필요가 아닌, 이유 모를 결핍을 채우기 위해서다.

장난감 총에 빠진 스몰 스테퍼

한 번은 에어소프트건이라는 장난감 총에 빠진 적이 있었다. 워낙 역사와 밀리터리에 관한 이야기를 좋아하다 보니 유튜브를 통해 꾸준히 다양한 전쟁과 무기 스토리를 섭렵하던 중이었다. 그러다 우연히 실제 총을 그대로 복기한 듯한 에어소프트건의 세계에 발을 들이게 되었다. 말이 장난감이지, 이 총들의 외관은 실제 총과 거의 100% 가까울 정도로 비슷하다. 다만 내부 구조는 화약이 아닌 가스로 동작하는 만큼 실제와는 조금 다르다. 에어소프트건은 탄창에 가스를 채우고 그 압력으로 작은 플라스틱 볼을 발사한다. 우리나라는 그 위력을 엄격히 제한하지만, 수입할 때의 위력을 복원해 쏘는 경우도 많다. 그렇게 발사된 총알은 골

판지 정도는 가볍게 뚫는다.

문제는 이 총들이 대부분 수입산이고 가격도 비싸다는 것이다. 권총류는 20~30만 원, 소총은 100만 원을 가볍게 넘는다. 그러나 모든 취미의 세계가 그렇듯, 한 번 빠져들면 걷잡을 수 없게 된다. 며칠 동안 검색에 빠져들며 총기를 판매하는 매장과 사격장을 찾아다니기 시작했다. 멈출 수가 없었다. 하나를 사면 또 다른 모델이 사고 싶어졌다. 인류 역사에서 전쟁에 쓰인 무기들이 얼마나 많겠는가. 작은 권총에서 시작한 총 모으기는 결국 벽 하나를 가득 채우는 상황에까지 이르렀다. 그렇게 쓴 돈이 얼추 700만 원에 달했다. 그런데 갑자기 현금이 마르는 위기가 찾아왔다. 결국 반값에 가까운 헐값으로 애써 모은 총들을 중고로 되팔기 시작했다.

무언가를 하지 않을 용기

좋은 습관에도 스몰 스텝의 원리가 작동하지만, 나쁜 습관도 마찬가지다. 물론 에어소프트건 수집이 나쁘다는 말은 아니다. 진지하게 자신의 취미로 만들어가고 적당히만 즐길 수 있다면, 유니크하고 흥미로운 마니아로 살아가는 걸 누가 말리겠는가. 하지만 나의 경우는 그렇지 않았다. 이 취미는 건강하지 않았고, 생산적이지도 않았다. 엄밀히 말하면 나는 에어소프트건을 좋아한 것이 아니었다. 만약 정말 좋아했다면, 이렇게 쉽게 열정이 식을 리가 없었을 것이다. 홈쇼핑에 중독된 사람처럼 나는 필요하지도 않고, 진정한 가치를 알지도 못한 채 소비를 했다. 그 결과는 반값도 받지 못한 채 되팔아야 하는 수고로 이어졌다.

그런데 나의 이런 헛헛함으로 인한 소비는 어디 에어소프트건뿐이겠는가. 내 방과 거실, 집안 곳곳에는 잘못된 스몰 스텝으로 인해 낭비된 물건들이 적지 않다. 꼭 필요하지도 않은 아이패드를 종류별로 사고 되팔기를 반복했다. IT 기기를 좋아하다 보니 노트북도 서너 대, 모니터도 서너 대, 키보드는 10대 이상이다. 그 밖의 자잘한 액세서리들은 셀 수조차 없다. 그래서 요즘은 이 쓸모없는 것들을 치우고 정리하는 데 공을 들이고 있다. 그리고 그렇게 아낀 돈으로 대출금의 아주 일부라도 갚으며 소소한 기쁨을 누리고 있다. 이렇듯 스몰 스텝은 무언가를 하는 것이기도 하지만, 하지 않을 인내와 용기를 필요로 한다는 것을 깨닫고 있다.

오래 된 카톡 창을 쓸어내리며

나는 예민한 사람이다. 예를 들어, 버스 바로 뒷자리에서 큰 소리로 전화하는 사람의 무례함을 잘 참지 못한다. 카페에서 유튜브를 이어폰 없이 듣는 사람이 있으면, 어르신이라도 직접 가서 이야기를 해야 직성이 풀린다. 지하철에서 다리를 꼬고 앉아 있거나 쩍벌 자세로 있는 사람을 보면 그렇게 불편할 수가 없다. 그런 상황에서도 아무 말 없이 묵묵히 견디는 사람들을 보면 신기하고 존경스러울 따름이다. 특히 나는 청각과 촉각에 예민한 편이다. 문제는 이런 까탈스러움이 인간관계에도 그대로 적용된다는 점이다. 크고 작은 불편함으로 인해 손절하거나 연락을 끊은 사람이 적지 않다. 더 큰 문제는 나이가 들어도 이런 관계 단절의 경험이 계속되고 있다는 점이다.

이토록 까탈스러운 편의점 고객

한 번은 자주 가던 동네 편의점에서 맥주와 몇 가지 안주 거리를 사 가던 참이었다. 그날은 가게 주인의 아내로 보이는 어느 아주머니가 카운터를 보고 계셨다. 나는 습관처럼 캔맥주와 먹거리들을 계산대에 놓으며 비닐봉투를 달라고 했다. 그런데 문제는 그다음 순간에 일어났다. 아주머니가 봉투를 맥주 더미 옆에 슬쩍 놓으며, 직접 담으라는 것이 아닌가. 순간 형언할 수 없는 서운함과 불쾌함이 몰려왔다. 나는 참지 못하고 원래 봉투에 물건을 담아주지 않느냐며 눈을 내리깔고 항의했다. 아주머니가 원래 그렇게 했다는 변명을 하는 것을 뒤로한 채 씩씩대며 가게를 나왔다.

그리고는 조금 멀더라도 갈 만한 다른 편의점이 어디 있는지 생각하기 시작했다.

비닐봉투에 물건을 담는 일이 어려운 것은 아니다. 사람마다 기준이 다르니 손님에게 직접 담으라고 하는 것이 그리 나쁜 일은 아닐지도 모른다. 그러나 수년간 이런 서비스에 익숙해진 나는 그러한 변화에 과하게 반응하고 있었다.

무례한 사람에게 웃지 못할 때

어느 날인가, 원주로 출강을 갈 일이 있어 시외버스를 탔다. 버스가 출발 몇 분 전, 자리에 앉아 있을 때였다. 20대로 보이는 여학생이 내 옆으로 손짓을 하며 자기 자리이니 비켜 달라는 신호를 보냈다. 그런데 왜 손짓일까? 옆으로 자리를 옮기자 이번에는 격앙된 목소리와 함께 창가 쪽으로 비켜 달라는 신호를 보냈다. 나는 화가 머리끝까지 나서 큰 소리로 한마디 하고 말았다.

나는 한동안 씩씩거렸다. 시간이 지나도 화가 가라앉지 않아 결국 다른 빈자리로 옮겨 앉았다. 그 여학생이 왜 좀 더 예의 바르게 말을 꺼내지 않았는지, 왜 손짓 같은 무례한 행동을 했는지 계속 생각했다. 그러나 버스에서 내릴 때쯤, 나는 그 여학생이 얼음장처럼 굳은 얼굴로 먼 곳을 응시하며 앉아 있는 모습을 보았다. 그리고 곧 후회가 밀려왔다.

나는 왜 이렇게 소소한 일들에 과하게 반응하는 것일까? 멀어진 사람들의 얼굴이 하나둘씩 떠올랐다. 고장 난 문을 열고 들어간 식당에서 주인이 나더러 문을 닫으라고 했던 일이 그렇게 화낼 일이었을까? 대출을 받기 위해 찾은 은행에서 "주거래 은행이니 봐달라"는 말을 비웃었던 은행 직원의 얼굴도 떠올랐다. 왜 나는 그런 상황에서 웃으며 대처하지 못했을까?

무심코 던진 비꼬는 듯한 친구의 농담 문자에 화를 내며 항의했던 기억도 떠올랐다. 그 친구는 지금도 나의 사과를 받지 않는다. 아마도 카카오톡에서 나를 차단한 것 같다. 그렇게 수십 년 된 친구를 잃고 나서야 후회했지만, 이미 늦은 후였다. 순간의 욱함을 참지 못하고 성급하게 판단하여 잃어버린 관계들이 꽤 많다.

마음을 다루는 일은 어렵다

스몰 스텝으로 쌓아 올린 좋은 습관들만큼이나, 나의 예민함으로 인해 잃어버린 소중한 관계들이 너무 많다. 더 이상 대화가 멈춘 오래된 카카오톡 채팅창을 스크롤하며 헛헛한 마음을 느낄 때가 있다. 마음을 다루는 일은 참으로 어렵다. 내 마음도 다루기 어려운데, 하물며 다른 사람의 마음은 오죽할까.

그러나 우리는 아주 작은 실수로 오랜 신뢰의 둑을 무너뜨릴 때가 있다. 그 한 번의 실수가 어쩌면 여러 번 쌓인 결과일지도 모른다. 나의 예민함이 누군가에게는 가시처럼 박혀, 위태롭던 관계를 단번에 무너뜨린 것처럼 보일 수도 있다. 스몰 스텝은 이렇게 반대의 모습으로, 나와 누군가의 소중한 관계를 허물기도 하는 것이다.

첫째가 자퇴하던 날

 지금도 정확한 이유는 모른다. 어느 날 첫째가 울고 있었다. 착하고 성실한 아이였다. 그런데 학교에 가는 것이 싫고 두렵다고 했다. 며칠, 그리고 한 달간 유예 기간을 두었지만 소용이 없었다. 그래도 중학교는 졸업해야 한다고 생각해 방법을 찾았다. 대안학교를 발견했는데, 그곳에 다니면 출석 일수를 채울 수 있다고 했다. 그렇게 첫째 아들은 겨우 중학교를 졸업할 수 있었다.

둘째는 그 시간이 조금 늦게 찾아왔다. 중학교를 별 탈 없이 무사히 졸업하고 고등학생이 되었다. 당연히 수업량도 많아지고, 시험도 치르며 성적표도 받았다. 그런데 딸은 무언가를 배우는 데 많은 시간이 필요한 아이였다. 엄마와 함께 새벽까지 공부하는 시간이 점점 늘기 시작했다. 그렇게 반 학기를 열심히 공부하던 딸에게 어느 날 번아웃이 찾아왔다. 딸도 학교를 그만두고 싶다고 했다. 내 마음 한쪽이 무너지는 소리가 들렸다.

우울한 유전자

사실 우리 때만 해도 학교를 그만둔다는 건 상상조차 할 수 없는 일이었다. 아무리 힘들고 싫고 어려워도 학교 안에서 해결해야 했으니까. 그런데 곰곰이 생각해 보니 나 역시 그랬다. 학교 가기 싫은 날이 참 많았다. 하지만 견디고 견딜 뿐, 달리 대안은 없었다. 문제는 그런 시간이 회사를 가서도 이어졌다는 것이다. 결국 나는 우울증, 공황장애, 공황발작을 차례로 경험했다. 그리고 마흔 중반에야 회사를 나왔다. 그제야 알게 되었다. 내가 잘 짜인 조직에서 일하기 힘든 사람이라는 것을 말이다.

오해는 마시라. 나는 직장 생활도 열심히 했다. 15년 이상을 버텼다. 우울도 겪고 병원도 다니며 약도 먹으면서 말이다. 왜냐하면 직장 밖은 지옥이라고 믿었기 때문이다. 그러나 홀로 일한 지 5년 차가 된 지금, 회사 다닐 때보다 더 많이 벌고 더 많이 행복하다. 그래서 생각했다. 아들도 딸도 나의 유전자를 얼마간 물려받았을 것이고, 그렇다면 내가 겪었던 고난의 길을 강요할 필요는 없다는 것을 말이다.

우리 아이와 다른 누군가는 학교와 회사 생활이 조금 더 쉬운 유전자를 타고 났을 뿐이다. 그것은 아이의 무능함이나 부족함 때문이 아니다. 나는 그저 조금 다를 뿐이라고 생각했다. 그러고 보니 우리 집안에는 우울의 유전자가 뼛속 깊이 흐르고 있었는지도 모르겠다. 가족의 숨은 비밀이었던 고모는 스스로 극단적인 선택을 했고, 큰아버지는 평생을 방랑하며 살았다. 아버지는 음주가무를 즐겼지만, 그 외의 날들은 집안에 머무는 날이 많았다. 나중에 알았지만, 남동생도 꽤 심각한 우울을 경험했다고 했다. 나는 말할 것도 없다. 그러니 아이들이 학교 생활을 힘들어하는 데는 이런 이유도 어느 정도 영향을 미쳤을 거라고 생각했다.

두 갈래 길 앞에서

딸은 아들과 달랐다. 친구를 좋아하는 사교적인 아이였다. 하지만 섬세한 아이라는 사실을 최근에서야 알게 되었다. 관계에 민감한 아이는 상처를 쉽게 받았다. 무엇보다, 무언가를 이해하고 받아들이는 데 시간이 오래 걸리는 아이였다. 하다못해 뭘 먹을지, 선물을 받으면 무엇을 갖고 싶은지조차 오래 고민했다. 당연히 학교 생활이 힘들었을 것이다. 그런 딸은 지금 미술과 보컬 학원을 다닌다. 그중에서도 그림을 그릴 때 몇 시간씩 집중하곤 한다. 아마도 느리고 섬세한 아이라서 가능한 일일 것이다.

아빠인 나는 마냥 느긋할 수만은 없다. 아이들의 미래가 걱정되는 것은 당연한 일이다. 하지만 나는 배웠다. 학교와 회사 같은 정해진 길만이 행복으로 인도하는 것은 아니라는 것을. 나는 두 아이가 자기답게 살았으면 좋겠다. 그래서 스몰 스텝이라는 책을 쓰기도 했다. 나는 아이들이 자신의 개성, 기질, 역량을 최대한 발휘하며 살기를 바란다. 물론 그 길을 아직 잘 알지는 못한다. 하지만 우리는 반드시 그 길을 찾을 것이다. 그것이 비록 남들이 가지 않은 숲속의 오솔길이라 해도 말이다.

우리는 자주 두 갈래 길 앞에 선다. 그러나 용기 있는 자는 발자국이 없는 길을 선택한다. 남들이 가지 않은 길을 걷는 것은 위험한 일이다. 그러나 그 길은 때로는 기회의 땅으로 인도한다. 학교는 아이들의 능력 중 일부만을 발굴하고 평가할 수 있을 뿐이다. 회사 역시 모든 사람의 섬세한 차이를 발견하고 발현하기에는 한계가 있다. 그래서 나는 아들과 딸의 길을 함께 걸을 것이다. 내가 스몰 스텝으로 그 길을 걸었던 것처럼. 그리고 내가 할 수 있는 방법으로 응원하고 지원할 것이다. 어차피 가족이란 그런 목적으로 만들어진 관계라고 믿기 때문이다.

둘째도 자퇴했습니다

　솔직히 욕먹을 줄 알았다. "도대체 아이들을 어떻게 키우느냐", "오냐오냐 하다가 큰일 난다"는 말을 들을 줄 알았다. 적어도 열에 한두 명은 그런 말을 할 줄 알았다. 그런데 브런치에 소개한 이 글을 무려 2만 6천 명이 읽어주었다. 무려 200회 가까이 공유되었다. 적지 않은 댓글이 달렸다. 그중에서도 마지막 댓글이 길게 여운이 남는다. "나도 이런 부모님이 있었더라면…"

뿌듯함과 민망함이 묘하게 겹치는 걸 어쩔 수 없었다. 정말 나는 그분이 말할 만큼 좋은 부모의 삶을 살고 있는 것일까?

하루는 딸과 '환혼 2'라는 드라마를 같이 보았다. 나는 진부연, 즉 낙수 때문에 보지만, 딸은 서율을 좋아한다. 9화 엔딩을 보고 딸이 흥분해서 다음 날 마지막 화의 내용을 스포했다. 그새 검색을 했나 보다. 괘씸한 녀석 같으니라고. 그다음 날은 딸과 함께 더 퍼스트 슬램덩크를 보러 가기로 했다. 딸이 한때 성우를 꿈꿨기 때문이다. 이번 극장판에서는 그 성우가 서태웅 역을 맡았다. 내가 제일 좋아하는 츤데레 캐릭터. 그러고 보니 딸과 함께 뭔가를 해본 적이 거의 없었다는 걸 깨닫게 되었다. 예전에는 곧잘 볼에 뽀뽀도 해주곤 했는데… 아마 이 아쉬움은 나만의 것이 아닐 것이다.

둘째도 자퇴한 까닭

나는 거실에서 일하는 경우가 많다. 그런데 그때마다 딸이 커다란 엉덩이를 들이밀며 어깨를 맡길 때가 종종 있다. 한마디로 주물러 달라는 뜻이다. 그러면 때로는 손이 아플 때까지 머리와 어깨, 등을 마사지해주곤 한다. 딸은 성격도 좋고 친구도 많다. 전형적인, 수다 떨기를 좋아하는 대한민국의 여학생이다. 그래서 눈에 띄게 예민한 아들과 달리 크게 걱정하지 않았다. 알아서 척척 잘하는 아이였기 때문이다. 그런데 최근에서야 알았다. 딸이 느린 게 아니라 예민하다는 사실을. 쾌활한 아이가 아니라, 잘 참는 아이였을 뿐이라는 것을. 그래서인지 딸은 스트레스로 밤마다 잠을 잘 이루지 못한다. 내가 싫은 척하면서도 딸을 마사지해주는 이유는 바로 그 때문이다. 딸이 학교를 자퇴한 것은 크게 염려하지 않았다. 내 모든 관심은 딸이 행복한 삶을 살아가는 그 좁은 오솔길을 찾는 데 있다. 딸은 항상 이렇게 투덜거린다.

"내가 뭘 잘하는지, 뭘 좋아하는지 모르겠어."

그럴 만도 하다. 기타를 좋아하고 전공했던 아들에 비

해 딸은 특출나게 잘하는 것이 없다. 그냥 성격이 좋고 밝지만, 성적은 그다지 좋은 아이였다. 그런 딸을 위해 내가 할 수 있는 일은 일단 쉬게 하는 것이었다. "조급해하지 않아도 된다"는 안심을 주는 일이었다. 그리고 그다음에 조금씩 무언가를 해볼 의욕을 갖게 하는 것이었다. 그래서 딸은 지금 보컬 학원과 미술 학원을 다닌다. 그것도 입시와 전혀 상관없는 취미 활동으로 말이다.

나만의 드라이빙 포스를 찾는 법

나는 스몰 스텝이라는 책을 통해 자신만의 이른바 '드라이빙 포스'를 찾는 중요성을 강조한 바 있다. 사람은 누구나 자신에게 힘을 주는 경험을 한 번쯤 하게 된다. 특정 장소에 가거나, 어떤 사람을 만나거나, 평소에 하지 않던 활동을 통해 뜻밖의 에너지를 얻기도 한다. 이런 경험은 아침에 침구를 정리하거나, 일기를 쓰거나, 명상을 하는 등의 작은 실천에서도 가능하다. 나는 성공한 사람들이 이러한 자신만의 리추얼, 즉 스몰 스텝을 가지고 있다는 사실을 알게 되었다.

문제는 이러한 드라이빙 포스를 경험하는 스몰 스텝이 사람마다 모두 다르다는 점이다. 첫째처럼 자신의 힘을 얻는 방법을 아는 것은 큰 행운이다. 하지만 둘째는 아직 그것을 모른다. 아니, 나이가 들어도 자신만의 드라이빙 포스를 모른 채 살아가는 사람이 많다. 딸에게 다양한 경험의 기회를 주는 이유는 바로 이 때문이다.

또래 친구들을 만나면 아이들 걱정을 나누는 일이 많아졌다. 올해만 해도 친구의 아들 둘이 대학에 합격했다고 한다. 그런데 우리 아들은 실기시험을 치르러 가는 길에 신분증을 빼놓고 갔다. 벌써 몇 번째인지 모르겠다. "저런 자세로 뭘 하겠다는 건지…" 하는 답답함이 밀려온다. 그러다 문득 소설가 김영하가 "밤새 끄적이는 아들의 재떨이를 털어주었다"고 했던 아버지에 대한 이야기가 떠올랐다. 나는 아들의 삶을 대신 살아줄 수 없다. 성공과 실패, 기쁨과 슬픔은 모두 아들의 몫이어야 한다. 하지만 언제든 돌아올 수 있는 마음의 집을 지어놓고 기다릴 수는 있다. 어쩌면 그것이 부모의 몫이 아닐까.

처음 초등학교에 입학하던 날, 딸의 사진을 여러 장 찍었다. 그중에서도 집 앞에서 활짝 웃던 딸의 모습은 내 기억 속에 선명히 남아 있다. 교실에서 친구들과 이야기하는 모습을 한참 바라보았던 기억도 생생하다. 그런 딸이 이제는 어른이 되어가는 연습을 하고 있다. 그런 내가 할 수 있는 일은 딸과 함께 뉴진스의 덕질을 하는 것이다. 딸은 민지를, 나는 혜인을 좋아한다. 나는 딸이 이런 경험을 통해 자신만의 드라이빙 포스를 발견하기를 간절히 바란다. 물론 나는 지금까지 아이돌을 좋아해 본 적이 없다. 하지만 이런 덕질을 통해 딸과 데이트를 좀 더 자주 할 수 있게 되었다. 이런 아빠의 마음을 딸이 모를 리 없을 것이다. 그래서 나는 이런 밀당이 좋다. 딸은 자퇴했지만 '우리의' 집에 머물러 있다. 이 집도 언젠가는 떠나겠지만 괜찮다. 우리는 우리의 길을 언젠가 기어이 찾을 테니까.

아들의 삼수를 지지하는 이유

첫째가 재수 끝에 호원대 실용음악학과 후보 1순위에 이름을 올렸다. 알고 보니 이쪽에서는 이른바 '서동호'로 불리는 탑 티어에 속하는 학교였다. 더구나 내가 좋아하는 '슈퍼스타 K' 출신의 장재인 등이 졸업생이라고 한다. 처음엔 몰랐지만, 누군가와 톡으로 대화를 하다가 울컥하며 눈물이 쏟아졌다. 그래도 아빠라고 마음고생을 조금은 했던 걸까? 세상에서 가장 사랑하는 사람이지만, 또 마음대로

할 수 없는 게 자식들이 아닐까 싶다. 나의 잘난 점보다는 못난 점을 물려준 것 같아 마음 아플 때도 많다.

중학생이던 첫째가 등교를 거부하던 뜻밖의 그날을 생생히 기억한다. 누가 봐도 루저로 낙인찍힐 듯 보였던 대안학교 시절을 지나 계원예고에 입학하던 날, 그리고 다시 6개월 만에 학교를 뛰쳐나온 아들을 어떻게 대할지 난감해하던 그 순간이 떠오른다. 한 가지 다행인 건, 아들에겐 두 시간이고 세 시간이고 이야기를 들어주는 엄마가 있다는 것이다. 나는 그저 한 발짝 뒤로 물러서 지켜볼 뿐이었다.

세 번의 입시

아들은 오후 2,3시쯤에야 겨우 일어나 세상 무기력한 모습으로 밥을 먹는다. 학원에 간다. 그리고 연습실을 빌려 밤 11시까지 있다가 다시 무기력한 모습으로 집에 돌아온다. 또다시 밤새 무언가를 하다가 새벽 4,5시가 되어 샤워를 하고 잠자리에 든다. 학원비와 연습실 대여비만 매달 100만 원 정도가 들어간다. 아빠로서는 한심하기 짝이 없는 생활 습관이다. 물론 다른 아이들과 굳이 비교하지는 않았다. 나는 아이의 행복을 원한다. 하지만 '저건 아닌데…'라는 생각이 들 때가 한두 번이 아니다. 그러나 단 한 번도 그런 말을 입 밖에 낸 적은 없다. 다만 우울의 유전자를 물려받은 나는 다시 아이에게 그 우울감을 물려주었다. 좋게 말하면 예술가적 기질을 물려준 것인지도 모르겠다. 닥달한다고 될 일이 아니라고 생각했다. 그리고 기다려주었다.

자퇴를 포함해 이제껏 세 번의 입시를 치렀다. 단 한 번도 합격에 가까운 적이 없었다. 첫째는 유달리 무기력한 아이였다. 입시를 치르러 가면서 수험표나 신분증을 집에 두고 가는 일이 한두 번이 아니었다. 실제로 어느 해는 서울예대 시험을 치르지 못했다. 수험 등록 날짜를 잊어버렸기 때문이다. 아무리 부모라지만, 울화통이 터지는 건 어쩔 수 없었다. 삼수까지 각오했지만, 이 사실을 아는 내 친구들의 걱정이 만만치 않았다.

그렇게 낙오자의 심연 속으로 빠져들지 않을까 걱정하던 와중에 후보 1순위 합격 소식이 들려왔다. 나름 동아방송대를 아깝게 떨어졌던 아들은 호원대는 안중에도 없었다. 그런데도 막상 가능성 있는 소식을 접하니 온 가족이 들뜬 기분으로 그날 저녁을 보냈다. 나도 모르게 두둑한 용돈을 주었다. 하지만 다음 날 저녁, 아들과 엄마는 새벽까지 깊은 대화를 나누었다. 원하던 학교가 아니었던 게 문제였다. 결론은 학원 입시 담당 선생님과 논의 후 결정하자는 것이었다.

남이 가지 않은 길

다음 날이 밝았다. 면담을 다녀온 아이 엄마는 한껏 들뜬 표정이었다. 예상과는 다른 학원의 제안 때문이었다. 호원대 입학을 독려할 것이라는 예상과 달리, 학원은 한 해 더 기회를 달라고 했다. 재즈 쪽은 거의 교수 수준의 실력을 갖췄다고 했다. 그럴 만도 했다. 그쪽은 자기가 알아서 뉴욕의 뮤지션에게 줌으로 개인 지도를 받고 있었기 때문이다. 반면 발라드와 같은 대중음악 쪽은 약하다고 한다. 그러나 조금만 더 연습하면 된다고 했다.

나는 일찌감치 아이가 원하는 쪽으로 가자고 말해둔 상

태였다. 졸지에 학원에서 쿨한 아버지로 낙인(?) 찍혀버렸다. 그렇다. 나는 한 번 더 아이를 믿어보기로 했다.

나는 첫째가 행복했으면 좋겠다. 지금 기타를 전공하고 있지만, 굳이 기타리스트가 되지 않아도 좋다. 음악을 통해 에너지를 얻는 친구라는 걸 알고 있기 때문이다. 학교 밖 아이들이 서울에만 수만 명이 있다고 한다. 그리고 그 아이들은 각자의 사연을 가지고 그들만의 삶을 살아내고 있을 것이다. 모든 부모가 나 같은 마음을 갖고 있지는 않을 것이다. 하지만 세상이 달라졌으면 좋겠다.

솔직히 나는 돈을 많이 벌어 아이를 미국이나 영국으로 보내고 싶다. 최소한 우리나라보다는 예술가의 삶을 더 존중받을 거란 기대가 있기 때문이다. 목표는 단 하나다. 아이의 행복이다. 나는 아이의 삼수를 지지한다. 그리고 그때도 원하는 결과가 나오지 않으면, 그때 가서 다시 머리를 맞대겠다. 우리의 진짜 목적은 대학 합격이 아니라, 첫째의 행복. 오직 그것 하나뿐이다.

2부. 김세엽의 이야기

스몰스텝을 만났다

 어느 날, 세바시 유튜브를 보다가 스몰 스텝의 저자를 만났다. 마침 퇴근길에 이어폰을 끼고 유튜브 영상을 보던 중이었다. 한 중년 남성이 직장 생활에 관한 자신의 에피소드를 소개하고 있었다. 아마도 많은 용기가 필요했을, 직장 생활에서의 가스라이팅 경험을 이야기하고 있었다. 게다가 강연 중 보여준 자료 화면 속 퇴근길이 바로 내가 지나는 그 길이었다. 탄천, 602번 마을버스, 바로 옆 동네로 보이는 아파트 단지… 내가 사는 곳의 익숙한 풍경이 아닌가.

"아, 이분도 우리 동네에 사시는구나."

나는 점점 친근감을 느꼈다. 그렇게 우연히 스몰 스텝을 알게 되었다.

아주 작은 여정의 시작

나도 습관적으로 타던 버스를 타지 않고 걸어서 퇴근하고 싶어졌다. 영상 속 그분처럼 영어 단어를 외우고, 엑셀 단축키를 익히고, 필사를 하고 싶어졌다. 신기하게도 팟캐스트를 듣거나 유튜브 영상을 보는 등 이미 내가 실천하고 있는 스몰 스텝이 많았다. 이런 소소한 습관들로 자기 자신을 찾고, 작은 행복을 느꼈다는 그분의 뿌듯한 얼굴이 보기 좋았다. 소박하지만 진심이 담긴 강연은 내 마음을 움직였다. 어느 대목에서는 왠지 모르게 울컥하며 눈물이 나기도 했다. 며칠 후 책을 주문해 읽었다. 책 속에 담긴 스몰 스텝을 따라 해보기도 하고, "내가 좋아하는 일은 무엇일까?"를 적어보며 실천하는 나만의 스몰 스텝 여정이 시작되었다.

2년 후 어느 날, 세 명의 남녀가 줌 영상 회의에 모였다. 스몰 스텝을 실천해 온 세 사람 중 한 명은 유튜브 영상 속의 그분, 스몰 스텝의 저자였다. 또 다른 한 분은 병원 전문 홍보 대행사를 운영하는 대표로, 이분 역시 관련 분야에서 두 권의 책을 낸 작가였다. 마지막 한 사람, 나는 평범한 공무원이었다. 특별히 뛰어난 성과를 낸 적도 없고, 학생 때 작문과 직장에서 보고서를 쓴 것 외에 글을 써본 적이 없었다. 스펙을 따져보니 내가 가장 부족해 보였다.

그러나 나에게도, 우리 모두에게도 공통점이 있었다. 스몰 스텝을 실천하며 그 중요성과 즐거움을 체험한 것. 그리고 그 작은 습관이 삶에 변화를 만들어낼 수 있다는 믿음. 이 힘으로 또 한 번 변화를 일구고, 그 과정을 기록으로 남기고 싶었다.

첫 회의에서 각자의 삶에서 스몰 스텝을 어떻게 활용하고 있는지를 소개하며 삼인삼색의 이야기를 나눴다. 나는 겉으로 보기에는 무난하고 사교적인 사람이지만, 예민하고 소심한 성격에 열등감을 가진, 평균을 지향하는 사람이었다. 남들만큼만 무난하게 살고 싶어 늘 자신을 평균 속에 묻어버리곤 했다. 그런 나에게 스몰 스텝은 조용히 나를 표현하고 숨통을 틔울 수 있는 창구였다.

반면, 문수정 작가는 자신의 일에서 완벽을 추구하며 목표를 향해 흔들림 없이 나아가는 삶을 살아온 분이었다. 끊임없이 성취를 이루며 타이트한 생활을 하던 중, 중압감과 스트레스를 덜기 위해 스몰 스텝을 활용하고 있었다. 그리고 박요철 작가는 프로 작가이자 강연자답게 큰 목소리와 유려한 말솜씨, 소탈한 성격의 소유자였다. 그는 스몰 스텝을 자신만의 철학이 담긴 비즈니스로 확장하며 연대를 넓혀가고 있었다.

우리가 모인 이유

그렇게도 달랐던 우리는 몇 번의 줌 회의를 거치며 서로가 비슷하다는 점도 깨달았다. 스몰 스텝을 통해 우리는 이제 자신의 목소리에 귀를 기울이고 싶어했다. 방식은 다를지 몰라도, 모두 열심히 고민하고 노력하며 살아오다 이제는 '나'를 만나는 일에 대한 갈망에 직면한 것이 아닐까?

"서른이면 이립(而立), 마흔이면 불혹(不惑)이라 한다."

한국 사회에서 나이는 해야 할 일과 위치를 결정하는 기준이 되곤 한다. 마음이 확고히 바로 선다는 이립, 무엇에도 미혹되지 않는다는 불혹도 어려운 목표 같지만, 가장 무거워 보이는 건 쉰을 뜻하는 '지천명(知天命)'이다. 하지만 이제 나는 그것이 단순히 성공의 삶을 말하는 것이 아님을 알게 되었다. 지천명은 세상이 말하는 성공에서 벗어나, 인생의 본질과 나만의 고유한 운명을 이해하게 되는 순간이 아닐까? 단톡방의 대화 끝에 문수정 작가는 이렇게 말했다.

"우리는 모두 '내가 누구인지' 찾기 위해 이 세상에 온 것이며, 내가 누구인지 비교적 쉽게 알 수 있는 방법은 글을 통해 솔직함을 드러내는 게 아닐까 싶다."

이제 나는 왜 우리가 모였는지, 왜 스몰 스텝에 열광했는지 알 것 같다. 우리는 세상의 기준에 맞춰 살아오며 성공을 쫓았지만, 이제는 그것과 다른 방향으로 나아가고 싶었다. 스몰 스텝으로 한 걸음 한 걸음, 진짜 나를 만나는 작업을 시작하고 싶었다. 그리고 그 새로운 시간의 시작을 기록하고 싶었다.

운동을 하는 삶으로

40대의 어느 해 1월, 새로운 부서로 발령받았다. 사기업에서 8년간 일하다가 다시 공무원 시험을 본 늦깎이였던 나. 그 부서에서 나이가 많은 편이었고, 감각도 별로 없었다. 부서 특성상 팔팔하고 똑똑한 젊은 직원들이 많아 비교가 되는 데다, 홍보 업무를 해본 적 없어 모르는 것투성이인 나를 상사도 별로 달가워하지 않았다. 눈치가 보였고 스트레스가 많아졌다. 어떻게든 해보려고 야근도 하고 바쁘

게 보냈지만, 성취감은 커녕 자괴감만 차곡차곡 쌓여가는 날들이었다.

삼시 세끼 꼬박꼬박 챙겨 먹으며 오랜 시간 계속 앉아 일만 했고, 스트레스가 쌓인 저녁엔 집에 가서 남편과 회사 욕, 상사 욕을 하며 맥주도 한 잔하곤 했다. 그때까지 늘 일정한 몸무게를 유지하고 있었는데, 그즈음 배가 나오고 살이 찌기 시작했다. 어느덧 내 몸은 나이와 스트레스, 좋지 않은 식습관으로 인해 본격적인 가속 노화가 시작되고 있었다. 허리가 아프고, 피부는 늘어졌으며, 건강검진 결과 콜레스테롤 수치는 고지혈증 범위를 넘어섰다. 지금 돌아보니 그때 나는 외적으로나 내적으로나 점점 나빠지고 있었다.

2년 반, 운동의 재미

이대로는 안 되겠다 싶어 운동을 시작했다. 따로 시간을 낼 수 없어 점심시간을 쪼개서 할 수 있는 운동을 찾아보았다. 그때 유행하던 EMS 운동은 20분 안에 할 수 있어 짜투

리 시간에 하기 딱 좋아 보였다. 저주파 전기 자극이 오는 조끼를 입고 트레이너의 지시에 따라 여러 가지 동작을 수행하는 운동이었는데, 단 20분만 해도 매우 효율적이었다. 조끼에 전류가 흐르면서 몸을 압박해 오면 운동 강도가 세져서 끝날 때쯤이면 팔다리가 후들거릴 만큼 힘들고 땀이 쏟아지곤 했으니 말이다.

월, 수, 금 3일 운동하는 점심시간에는 두유와 계란 등 간단한 식사로 점심을 대신했다. 그렇게 한 달쯤 지나자 허리 통증이 사라졌다는 걸 깨달았다. 또 점점 불어만 가던 복부, 흐느적거리던 팔다리와 코어가 처음으로 단단해지는 느낌을 받았다. 재미없고, 죽을 맛이기만 하던 땀나는 운동. 그래서 마냥 미루며 살아왔는데, 이런 재미가 있다는 걸 중년이 되어서야 처음으로 알게 되었다.

그 운동은 무려 2년 반 동안 지속되었다. 정신없이 오전 업무를 마치고 나면 동료들과 점심을 먹고 커피 한 잔하는 시간이 최고의 행복이었던 내가, 그 시간을 포기하는 데 익숙해졌다. 물론 정말 가기 싫을 때도, 모처럼 약속을 잡아 맛있는 걸 먹고 싶을 때도 있었다. 그래도 "단 20분이니 얼른 가서 해버리자"하는 심정으로 발걸음을 떼곤 했다. 또 어떤 날은 점심을 동료들과 먹으려 했는데, 내가 으레 운동하겠거니 하고 다들 나를 빼고 식당으로 가버린 뒤라 어쩔 수 없이 다시 발걸음을 운동 장소로 옮긴 적도 있다. 그렇게 2년 반이 흘렀다. 짧은 운동 시간, 작은 시작이 이런 결과를 만들어 낸 것이다.

고작 20분, 나를 설득하다

무엇보다 중요한 건 그때의 경험이 지금의 규칙적으로 꾸준히 운동하는 습관으로 이어졌다는 것이다. 나는 어쩌면 건강이 무너질 수도 있는 민감한 시기를 앞둔 상태였을지도 모른다. 그때 운동을 시작하지 않고 허둥지둥 뒤늦게 건강을 챙기려 했다면, 근육이 생기는 속도가 떨어져 큰 어려움에 부딪혔을 거라고 트레이너가 말해 주었다. 새삼 뿌듯했다. 꼭 필요한 시기에 운동을 시작했구나, 정말 옳은 선택을 했구나.

운동을 하면서 여러 이점이 생겼다. 운동은 혼자서 하나의 과정을 성취하는 즐거움을 알려준다. 평균을 맞추려 노력하던 나는 성취의 기쁨이 주변의 인정과 칭찬에서 온다고 생각하며 살아왔다. 그러나 혼자 꾸준히 운동하면서 경험한 몸의 변화와 실천의 힘은 아무도 인정해 주지 않더라도 나 스스로 얻는 것이었다. 스스로 망설임 없이 인정할 수 있고, 주위의 평가를 바라지 않는다는 점에서 참 멋진 경험이었다.

살도 빠지고 몸이 단단해지면서 체력이 좋아지자, 나는 열등감을 느끼며 책상에 앉아 업무를 질질 끄는 습관도 없앴다. 금방 잘할 수 있는 일이 있고, 시간이 쌓여야 제대로 볼 줄 알게 되어 잘할 수 있는 일도 있다. 운동을 하면서 얻은 자기 신뢰와 자신감이 당장 칭찬을 받지 못하더라도, 상사가 나를 좋아하지 않더라도 무작정 일에 매달리는 것을 멈추고 완급을 조절할 수 있게 했다. 그 2년 반 동안, 나는 마음으로도 성장했음을 느꼈다. 단 20분, 점심의 짧은 시간에 혼자 시작한 것이 내게 큰 동력이 된 셈이다.

무언가를 새로 시작할 때는 늘 작은 저항에 부딪히기 마련이다.

"내가 싫어하던 건데 지속할 수 있을까?"

"나와 맞지 않는 거야."

"지금은 때가 아니야."

어떤 일을 작게 만들어 해보는 것은 이런 나를 방해하는 모든 변명을 이겨내고 설득해야 하는 그 시간을 줄여주고, 바로 시작할 수 있게 해준다.

스몰 스텝이라는 마법

그 후로, 아침에 15분 배드민턴을 치기도 하고, 조깅을 해보기도 하다가 지금은 수영에 정착했다. 매주 월, 수, 금 저녁 9시, 차가운 수영장 물이 몸에 닿기 전 따끈한 물로 간단한 샤워를 하고 준비운동을 한다. 기분 좋을 만큼 속도를 내며 물살을 가르는 50분의 경험. 그렇게 하루를 마무리하고 나면 적당히 몸이 노곤해진다. 샤워까지 마치고 집에 와서 바로 잠들 수 있는 것은 또 다른 저녁 수영의 장점이다. 잠수도 못 하던 내가 1년 반 만에 접영까지 마스터한 수영

고참이 되었다. 휴가 때 리조트 큰 수영장에서 여러 영법을 구사하며 깊은 곳까지 수영해 들어가는 즐거움은 덤이다. 물에서의 자유를 얻으니, 깊은 수영장 물에 혼자 둥둥 떠서 쉴 수도 있고 풀사이드 바에서 피자와 칵테일을 즐기다가 바로 다이빙하는 낭만도 생겼다.

언제부턴가 다이어리가 해야 할 일로 가득 찰 때, 장기적인 시간이 필요한 일들을 시작할 때 나는 스몰 스텝의 마법을 활용해 그 일을 작게 만들어 내 하루 속에 집어넣는다. 작게 쪼개어 저항감을 없애고 스스로를 설득할 시간을 줄여주는 것. 그리고 하루하루 실천한 그 시간들이 쌓이면 나중에 자기 자신을 더 좋아할 수 있게 되는, 그 마법 말이다.

나노인간의 별난 습관

　주말에 쇼핑몰에 간 김에 바디 제품을 파는 이솝이라는 샵에 들렀다. 며칠 전 샤워 후 오래 방치된 오일을 쓰고 나서 가려움증이 생겨 고생한 터라, 모처럼 마음먹고 향이 좋은 새 오일을 사기 위해서였다. 내가 좋아하는 우디향, 호텔이나 고급 레스토랑에서 나는 숲냄새와 자연의 향이 샵을 가득 채우고 있었다. 여자 점원 한 명이 다른 손님에게 제품을 테스트하고 있었고, 다른 점원이 나를 보더니 곧 다가왔다. 20대로 보이는 젊고 상냥한 인상의 남자 직원이었다. 보통은 점원이 다가와 따라붙는 것을 불편해하는 내향적인 성격이지만, 이번에는 내게 꼭 맞는 오일을 찾겠다는 적극적인 구매자의 마음가짐이었다.

불편하고 낯선 조금의 자극

내가 테스트해 보고 고를 수 있는지 묻자, 점원은 나를 세면대가 있는 곳으로 안내했다. 세면대 앞에서 "오일과 스크럽을 섞어서 써보시는 건 어떠세요?"라는 권유를 받고 궁금해진 나는 그 방법대로 직접 테스트해 보게 해달라고 요청했다. 그런데 문제는 그 다음부터였다. 그 직원이 세면대 앞에서 내 손을 아주 자연스럽게 잡아 자신의 두 손 안에 넣더니 오일과 스크럽을 섞은 액체를 비벼 거품을 내는 것이었다. 젊은 남자가 갑자기 내 손을 비벼가며 씻겨주다니. 당황한 나머지 어떤 의사 표시도 하지 못하고 손을 맡긴 채로 있었다.

스크럽과 오일을 섞어쓰는 테스트 시간, 한참으로 느껴

지던 그 시간이 지나고, 나는 당초 내 계획대로 오일 한 종류만 사서 빨리 나가고 싶어졌다. 그리고 오일을 고르기 위해 할 수 없이 다시 물었다. "오일은 어떤 어떤 향이 있어요?" 그러자, 점원은 또 다시 자신의 손등에 오일을 묻히더니, 부드러운 미소를 띠고 아무렇지도 않게 내 얼굴에 바싹 들이대는 것이었다.

멀리서 보면 마치 가까운 사람들처럼 붙어서 서로 손의 냄새를 맡는 것 처럼 보일 그 모습이 매우 신경쓰였다. 허둥지둥하며 양 손등에 묻힌 오일 중 하나를 선택하고, 서둘러 계산을 하는 중간에도 남자 직원은 피부가 좋으시다, 이걸 써보셔라, 저건 해보셨냐 하고 계속해서 말을 걸면서 다른 제품을 권했다.

나는 조금 예민한 사람입니다

진땀을 흘리며 "시간이 없으니 다음번에 들르겠다"는 말로 몇 번 말꼬리를 자르며 길게만 느껴지던 그 시간을 겨우 끝냈다. 계산하고 샵을 나와서야 안도감을 느꼈다. 오후에 집에 와서는 그 일에 대해 다시 생각하지도, 남편에게 이런저런 이야기를 하지도 않고 묻어두었다. 그러나 불쾌하고 묵직한 마음은 저녁까지 계속해서 내 안에서 커지기만 했고, 그러다 스스로 의아해지기도 했다. 서비스를 받고 물건을 사는 입장으로서 불쾌한 마음, 거부 의사를 표시할 수도 있었는데 나는 왜 가만히 있었을까? 작은 사건인데 불편한 마음은 왜 사라지지 않고 계속 남아있을까? 그날 밤은 왠지 모를, 낯설지만은 않은 그 불쾌한 느낌을 안고 자느라 한 시간 정도 뒤척이다 늦게 잠들었다.

나는 예민한 사람이다. 불편하고 낯선 작은 자극에도 내 마음은 금세 반응을 일으킨다. 그동안 이 예민함을 내 약점으로 여기고 사람들에게 쿨한 척, 대범한 척, 외향적인 척하며 내 마음을 숨겼다. 타인과의 관계에서 불편한 마음이 들면, 나는 내 마음을 방어할 시간도 힘도 없던 지난 순간을 원망하고, 나 자신을 자책하곤 한다.

그런 자책에 지칠 즈음 한 가지 습관을 만들었다. 불편했던 순간을 복기하고 그 순간의 감정과 마음을 시간을 두고 해체해서 짚어보는 작업을 종종 하게 된 것이다. 노트를 꺼내 들고 한순간 한순간 어제의 상황을 복기하면서 내 마음 상태를 써내려갔다. 어제 나는 분명 불편함을 느꼈고, 그 상황을 자발적으로 끝낼 수 있었다. 그런데 어떤 마음이 그걸 못하게 가로막았을까? 그 부분에 수치심이 주가 된 여러 가지 감정이 숨어있다는 걸 알게 되었다.

내 안의 숨은 수치심을 만나다

물건을 살 때 적극적으로 테스트하며 산 적이 없어서 어떻게 끊고 마무리해야 하는지 몰랐던 당황함, 젊은 남자가 중년의 여자에게 성적으로 다가올 리 없는데 그걸 불편해하는 내가 이상한 사람이라는 자책, 부드럽고 자연스럽게 행동하고 있다면 그런 서비스가 보편적이고 적절한 것이라는 고정관념, 어렸을 때 미묘한 성희롱과 추행을 경험했고 이젠 중년이 되어 여유 있게 그런 상황에서 졸업했다고 생각했는데 어이없이 또 이런 상황에 처했다는 패배감, 을의 위치도 아닌데 바보같이 상황에 끌려다녔다는 자신에 대한 수치심, 내 스스로 당당하게 나를 세우려고 노력 중이었는데 다시 이 모든 것이 무너졌다는 좌절감이 있었다.

내 마음을 상황과 시간의 흐름에 따라 이렇게 단계적으로 해체해본다. 상황을 맞닥뜨릴 때마다 여러 감정이 마음을 스쳐가고, 그 감정에는 삶 속에서의 지난 상처와 잔상들이 포함되어 있음을 깨닫곤 한다. 또 감정이 갑자기 한꺼번에 몰려드는 순간, 거리 두기와 적절한 거부를 표시할 타이밍을 놓친다는 것도 알게 된다. 상황과 내 감정들을 구체적으로 이해하고 나면 내가 자신에게 무의식중에 들려주던 자책의 소리들이 멀어지고 편안한 공간이 생긴다. 그 불편했던 덩어리 마음은 다음 날이 되어 그 시간을 갖고 나서야 풀리고 평온해졌다.

쪼개고 파헤쳐서 알게 되어야 편안해지는, '나노'로 예민한 사람의 별난 습관. 예민해지면 순간 머리 회전이 느려져서 그 상황에 당차고 멋있게 대처하지는 못한다. 그러니 나중에라도 이렇게 시간을 할애해 자신에게 나만의 해석과 이야기가 중심에 다시 자리 잡을 여유를 주곤 한다.

이제 수치스럽고 덮어두고 싶었던 그 시간은 나를 알게 되는 시간이고, 비슷한 상황이 다시 생길 때 대처할 수 있는 나만의 액션플랜을 짜는 시간이 되었다. 남편에게 '나노인간의 별난 습관'이라고 놀림을 당하기도 하는, 나만의 독특한 방법이다.

딸아이와 상담을 시작하다 I

 딸아이는 중3이던 해, 여러 가지 어려움을 겪었다. 공부해도 성적이 도무지 오르지 않아 힘들어했고, 안 좋게 헤어진 전 남자친구와 같은 반이 되면서 교우 관계도 전반적으로 어려워졌다. 나는 잠시 힘든 시기를 겪는 거겠거니 하고 심각하게 생각하지 않았던 것 같다. 아이는 점점 말수가 적어졌고, 내가 깊은 공감 없이 건넸던 위로의 말 몇 마디를 듣고 답답한 듯 한숨을 쉬거나 문을 쾅 닫기도 했다.

그해 11월, 당일치기로 엄마네, 오빠네 모두 10명 가까이 가족여행을 갔다. 일부러 다른 가족들과는 거리를 두고 딸아이와 팔짱을 끼고 이런저런 이야기를 나눌 시간을 많이 가졌다. 요즘 들어 우울해하던 아이였기에 그날만큼은 나도 성의껏 주의를 기울여 딸의 이야기를 듣고 공감해 주었다. 그래서 마음이 열렸던 것일까, 아이는 요즘의 일상에 대해 이것저것 이야기하다가 문득 울음 섞인 떨리는 목소리로 말했다.

"엄마, 나… 자신이 없어. 잘해 나갈 자신이."

엄마, 나 자신이 없어

순간 가슴이 철렁 내려앉았다. 과장이 아닌 진심이었다. 생각보다 아이의 좌절이 깊다는 것을 직감적으로 느꼈고, 힘없는 손으로 내미는 간절한 구조 요청임을 알아차렸다. 그와 동시에 내 가슴에도 쓰라린 슬픔과 좌절의 덩어리가 느껴졌다. 마치 아이의 우울과 슬픔에 답하는 것처럼, 같은 소리로 공명하는 것처럼. 늘 밝고 야무진 아이라 생각했기에 낯선 모습이어서 어찌해야 할지 몰랐다. 아이가 아프면 부모도 마음이 아픈 건 당연한 일이겠지만, 이상하리만치 감당하기 어렵고 힘들었다.

그전부터 상담에 관심도 있던 터라 몇 번의 시행착오를 거쳐 믿을 만한 선생님과 연락이 닿았다. 아이는 2시간에 걸쳐 종합검사를 했고, 남편과 나도 각각 상담지를 받아 체크해서 제출했다. 과정 끝에 상담을 받기로 결정했다. 엄마의 좌절도 검사 결과에 읽혔던 것일까. 아이뿐 아니라 엄마도 따로 일주일에 한 번씩 상담을 받는 과정으로 진행하기로 했다. 고정관념과 조급함을 내려놓고 열린 마음으로 아이를 이해하고 기다려 주기 위해 엄마도 상담이 필요하다는 것이 상담사의 설명이었다. 그날 아이와 공명하던 내 슬픔의 덩어리를 어렴풋이 느꼈던 나는 물론 적극 동의했다.

질문은 짧고, 답은 길어졌다

상담은 생각했던 것과 많이 달랐다. 선생님에게 내가 질문을 하고 답을 얻기보다는, 스스로 생각하거나 느껴보고 말을 하면서 실마리를 찾고 응어리진 감정을 풀어가는 형식으로 진행되었다. 시간이 가고 횟수가 쌓여갈수록 점점 더 선생님은 짧은 질문을 던지고, 나는 긴 이야기로 풀어가면서 답을 찾는 시간이 많아졌다. 질문들에 답하면서 나는 많이 울었던 것 같다. 특히 "최근, 아이가 힘들어했다고 하셨는데 구체적으로 어떤 모습을 보였었나요?"라는 상담사의 질문에 아이의 모습을 묘사하는 데 눈물이 솟구쳐 말을 잘 이어갈 수가 없었다.

중학교 2학년 첫 시험을 망치고 저녁을 같이 먹다가 갑자기 울음을 터뜨렸던 일, 공부하려고 독서실로 가면서 직장에 있던 내게 "엄마, 늦게 와?" 힘없는 목소리로 전화하곤 하던 일, 전 남자친구와 트러블이 있을 때 친한 친구들이 자기를 편들어 주지 않는다고 서운해하던 일, 독서실 1층 분식집에서 같이 밥 먹다가 "엄마, 여기 떡볶이 맛있지?"하며 힘없이 씩 웃던 모습, 오물오물 밥을 먹다가 서운한 일, 스트레스 받는 일이 있으면 금세 눈물이 고여 입을 다문 채 가만히 울음을 참던 모습.

아이는 나의 위안이었다

이야기를 꺼내어 보면 내 기억 속에 슬픈 아이의 모습이 한 장면 한 장면 선명하게 저장되어 있었다. 사실에 대한 기억만이 아니라 매번 쿵하고 심장이 내려앉는 것처럼 안쓰럽던 내 감정도 놀라울 만큼 생생하게 떠올랐다. 그때 당시 알아채지 못했던 내 아픔이 폭풍처럼 밀려왔는데 그 크기가 크고 깊었다. 나는 걱정이 살짝 돼도 표면적으로는 늘 별일 아니라는 듯 일부러 가볍고 명랑하게 대하곤 했었는데, 생각지 못했던 발견이었다. 나는 아이가 힘들어할 때 다른 부모들도 이렇게 힘든지, 왜 그때는 잘 모르다가 감정이 이렇게 한꺼번에 올라오는지 물어보았다.

"세엽씨에게 아이가 어떤 존재이기에 그런 걸까요?"

이번에도 역시 짧은 질문이 돌아왔고, 나는 답을 하기 위해 그 질문에 아이와 함께한 시간들을 짚어보게 되었다.

아이의 아빠와는 아이가 태어난 바로 다음 해에 헤어졌

다. 관계가 악화되고 여러 가지 문제가 생겨 오랜 고민 끝에 내린 결정이었다. 힘든 상황이라 마음으로 지지를 받고 싶었지만 처음에 가족들은 반대가 심했다. 특히 아이를 혼자 키우는 데 대한 여러 걱정의 말들이, 내게는 왠지 모르게 거리를 두려는 것으로 느껴져 많은 상처를 받았던 것 같다. 그때 어렴풋이 생각했다. 앞으로 아이를 키우면서 거리낌 없이 도움을 요청하는 건 내 자존심엔 힘들겠구나. 무얼 하든 혼자서 다 해나갈 각오를 해야겠다고.

그렇게, 가장 힘들 때 내 마음은 어두운 길에 혼자 내동댕이쳐진 것처럼 시리고 막막했던 기억이 난다.

힘든 관계들이 정리되고 아이와 지내는 처음 몇 해가 마냥 평온하고 행복했다. 예상 못했는데, 그 조그만 어린 아이가 처음 느껴보는 큰 안정감과 위안을 안겨다 준 것이다.

딸아이와 상담을 시작하다 II

아이가 세 살쯤 되던 어느 날. 아이를 안방에 재운 후 나는 작은 방에서 노트북을 켜고 일을 하고 있었다. 그날따라 밤에 장대비가 쏟아지더니 천둥번개가 치기 시작했다. 창문이 흔들릴 정도로 사나운 날씨였다. 이전엔 밤에 천둥번개가 치면 혼자 있는 게 너무 무서워 TV라도 틀어놓곤 했는데, 그날은 아무렇지 않게 '와, 날씨 한번 요란하네' 생각하곤 무심하게 일을 계속했다.

문득 내가 천둥번개가 안 무서워졌음을 발견하고 의아해져 '뭐가 달라진 걸까?' 생각하다 깨달았다. 나는 바로 옆방에 세상 모르게 자고 있는 조그만 아이를 항상 생각하고 있었다는 걸 말이다. '저 방엔 서윤이가 있어'. 그래서 무섭지 않았다. 누군가가 항상 내 맘에 있는 것만으로 든든해진, 흔들리지 않는 뿌리를 내린 기분. '진짜 어른'이 된 기분이었다.

아이가 내민 조막손을 잡다

아이가 여섯 살 때였던 겨울날이었다. 출근 시간에 조급해져 아이를 채근하다 싫은 소리를 하며 집을 나서고 보니, 전날 내린 눈과 추운 날씨 때문에 길이 꽁꽁 얼어있었다. 회사에 의전 행사가 있어 나는 치마에 굽 높은 구두까지 신었는데, 하필 어린이집 이불가방까지 짊어진 터라 위태롭게 뒤뚱뒤뚱 걷기 시작했다. 내게 방금 잔소리를 실컷 들은 아이는 기분이 상했는지 큰 가방을 조그만 어깨에 둘러매고, 내 손을 휙 뿌리치고 먼저 앞서서 걸어가 버리고야 말

앉다. 나는 치미는 부아를 억누르며 쫓아갔지만 구두를 신고 넘어질까 조심조심 가다 보니 아이보다 한참 뒤처지게 되었다.

그렇게 아파트 뒷문 야트막한 내리막길에 다다랐다. 경사가 가파르진 않았지만 얼음이 반들반들 빛나는 것이 매우 미끄러워 보였다. 두 손으로 길 옆에 설치된 손잡이를 꼭 잡고 내려가기 시작했다. 혼자 낑낑 진땀 빼며 간신히 한 걸음 한 걸음 옮기던 순간, 작은 손이 내 시야에 쑥 들어오는 게 아닌가. 고개를 들어보니, 아이는 여전히 화가 나 입을 앙다물고 눈을 찌푸린 채로, 자기 손을 잡고 내려오라며 큰 선심 쓰듯 조막손을 내밀고 있었다. 그 순간 마음이 풀어지고 피식 웃음이 나왔다. 저 손을 잡고 의지하며 내려갔다간 아마 둘 다 당장 빙판길에 나동그라지겠지. 웃다가 갑자기 울컥했다. 여섯 살배기 아기가 엄마를 지탱해 주려는 마음, 엄마를 도와줄 사람은 나뿐임을 아는 그 마음이 느껴지자 잠깐 나는 아이를 향한 마음이 뭉클, 뜨거워졌다.

'그래 맞아, 우리 둘뿐이니까'

내가 감당하고 있다고 생각했지만, 실은 그 조그만 존재가 나를 감당하고 있었는지도 모르겠다. 어쩌면 오히려 내가 그 조그만 어깨에 짐을 지우면서 살았던 건 아닐까.

상담이 진행되면서 나는 내면을 온전히 집중해서 들여다보고, 피상적으로 포장된 감정과 진짜로 느끼는 속 감정을 구분하게 되었다. 때로는 속 감정까지 바로 맞닿는 적이 있었고, 그러면 그걸 직관적인 언어로 묘사하거나 표현하곤 했다. 아이와 지나온 시간들을 떠올리며 마음이 다시 뭉클해졌던, 그날의 상담 시간도 그랬다.

"아이가 어떤 존재인가요?"

그 질문에 대한 직관적인 답이 나왔다. 아이는 바로 내 '첫 가족'이었다.

기꺼이 마음을 내줄 수 있기를

가족으로 처음 접하게 되는 사람은 아마 부모와 형제일 것이다. 그리고 성인이 되어 결혼해서 배우자를 갖게 되고 그다음 아이를 낳아 가족으로 맞이하게 되니 아이는 세 번째, 네 번째로 맞이하는 가족인 것이 보통의 경우이다. 그러나 나는 가장 힘들었던 시간에 혼자뿐이라는 쓰라린 회의를 겪고, 아이와의 새로운 둘만의 생활을 시작했었다. 아이가 서서히 내 마음속에 의지가 되고 안정되면서, 나는 갈 곳을 잃고 헤매던 새로운 가족의 정의를 다시 찾았던 것 같다. 아이가 진정한 내 첫 가족이라고.

아이와 서로 손 잡아주면서 한 발 한 발 징검다리를 같이 건너오다가 남편을 만났고, 이렇게 다시 가족을 이뤘다. 물론 그때 혼자뿐이라는 생각은 지금 돌아보면 정말 설부르고 미성숙한 생각이었다. 실제로는 아이를 키우면서 가족의 많은 도움과 주변의 지지가 있어왔으니까 말이다. 하지만 외롭고 관계에 서툰 엄마는 항상 둘뿐이라 생각했고 마음으로 스스로를 고립시켰다. 불안하고 위태로웠으며, 그래서 아이가 더 아프고 안쓰러웠다. 나는 아마도 이 안쓰러움, 이 감정을 주체할 수 없을까 봐 두려워 딸아이에게 내 감정을 감추고 그동안 일부러 가볍고 명랑한 척한 건 아니었을까. 또 그 감정들은 표현되지 못한 채 억눌려져 오다가 지금에야 한꺼번에 터져나온 게 아닐까.

함께하지만 따로, 따로이지만 함께

나는 매주 수요일 퇴근 후 집에서 줌으로 상담을 하고, 토요일엔 딸아이를 상담실에 데려다주고 끝날 때까지 한 시간 동안 기다린다. 끝나면 맛있는 점심을 같이 사 먹거나 쇼핑을 하기도 하며, 돌아오는 차 안에선 아이의 플레이리스트를 함께 듣는다. 지금은 이 상담 시간이 엄마로서 아이의 문제를 해결하는 솔루션을 찾는 과정이 아니라, 나의 내면을 정기적으로 들여다보는 시간이 되었다. 서로 상담했던 내용을 공유하지는 않지만, 아이도 그렇게 마음을 들여다보고 보살피고 다듬는 시간이 될 거라 믿는다.

기꺼이 마음을 내어 같은 것을 하는 이 시간들이 벌써 1년이 넘어 차곡차곡 쌓여가고 있다. 조금씩 정기적으로 꾸준히 무언가를 이렇게 즐기면서 하는 것, 그것도 내 내면을 들여다보는 것, 게다가 딸아이와 따로 또 같이 할 수 있는 것. 즐겁고 가치 있는 스몰 스텝이 되었다.

나노인간, 액션플랜도 별나다

　내향형의 성향을 지닌 나에게는 거절하기, 타인에게 부탁하기, 나를 드러내기 같은 일들은 늘 어렵기만 했다. 그때마다 나는 늘 망설이거나 움츠러들었고 상대방이 원하는 답을 내 것인 양 말할 때도 많았다. 그럴 때면 자신에 대한 불만들이 쌓여갔다. 멋진 사람은 못 되어도 적어도 나는 나 자신에게 솔직한 삶을 살고 싶었다.

　그래서 어려운 일을 만났을 때마다 일단 멈춰서 숨을

고르고 그 일을 작게, 더 작게 나눠서 쉽게 만드는 습관이 생겼다. 그 하찮음과 집착이 살짝 민망할 때 스스로 '나노 인간'이라고 말하기도 한다. 어떤 일을 의식적으로 작게 나눠서 마음을 편하게 하고, 그것을 해결하거나 성공시키기 위한 액션플랜을 짤 때도 좀 더 섬세하게 만들어 실천하기 쉽게 만들기 위한 것이다.

괜찮은, 그러나 괜찮지 않은

2020년 연말, 나는 승진에 미끄러졌다. 승진에 목숨 건 것도 아니고 다음번엔 되겠지 하고 애써 쿨하게 생각하기로 했다. 그런데 주변 동료들이 "이번에 안 돼서 어떡해?" "아쉬웠겠다"는 말로 나를 위로하기 시작한다. 그리고 나 역시 그런 습관적인 위로에 나도 모르게 "아냐, 괜찮아" "기대하지도 않았어" 이런 판에 박힌 대답들을 하고 있음을 발견했다. 안 그래도 기분이 별로 좋지는 않은 터에 하루 종일 응대를 하자니 기운이 빠졌다.

사실 나는 괜찮지 않았나 보다. 그 사람들의 안쓰러워하는 눈빛을 보니 자존심이 상했고, 먼저 승진한 동기들을 마주쳤을 때 괜스레 미안해하며 눈길을 피하는 것도 난감했다. 그리고 직장에서 어쩌면 승진을 바라는 것은 당연한 일이 아닌가. 나라고 해서 그런 결과에 언제까지나 쿨하게 반응할 수 있을 리 만무했다. 어느덧 하루가 저물고 퇴근할 때가 되자 나는 '괜찮은 척하느라' 안 괜찮아졌다. 이러다 정말 승진 안 해도 괜찮은 사람으로 인식되는 건 아닌가 걱정도 생겼다.

그날 나는 집에 와서 그동안 정리해 둔 스몰 스텝 파일을 열었다. 사실 승진 결과를 물어보고 위안하는 사람들은 나에게 큰 관심은 없었을 것이다. 정말 내 기분을 알고 싶기보다는 가벼운 관심과 위로를 표현하는 게 매너이자 예의여서였던 듯하다. 나 역시 굳이 "네, 아쉬워요, 기분 나빠요"라고 대답해서 상대방을 불편하고 어색하게 만들고 싶지 않았을 뿐이다. 문득 이런 생각이 들었다. 내 기분을 속이지 않고 솔직하면서도 상대방을 어색하지 않게 만드는 가벼운 멘트는 없을까? 귀가 후 곰곰이 생각하던 나는 이 상황에 맞는 대답 두 개를 생각해 냈다.

"그러게요. 기분이 좀 그러네요."
"예, 다음엔 꼭 되겠죠."

스몰 스텝, 파일 속 이야기들

이런 것까지 연습해야 하는 사람이 나라니… 나의 쿨하지 못함에 저절로 피식, 웃음이 나왔다. 그러나 한편으로는 승진 누락에 관한 서운함을 과하지 않게 표현하면서도, 그다지 결과에 연연하지 않음을 자연스럽게 보여주는 말이라는 생각에 스스로 감탄했다. 그날 저녁 나는 남편을 상대로 어조와 높낮이, 표정까지 맞춰가며 연습을 했다.

다른 사람들은 일상의 대화에서 순발력이나 재치로 손쉽게 반응할 수 있는 말들이지만, 나는 그것조차 연습이 필요한 사람이었다. 그날 이후로 나는 그렇게 연습이 필요한 나만의 멘트들을 하나둘씩 파일에 저장하기 시작했다. 그 액션 파일의 제목들은 다음과 같다.

'자연스럽게 서운함을 표현하기'

'유난스럽지 않게 나를 드러내기'

'담백하게 요청하기'

'요청하면서 충분히 기다렸음을 표현하기'

'침착하게 거절하기'

'거절한 후 상대방을 무안하지 않도록 가볍게 어루만지기'

이런 기록은 내게 자신을 자연스럽게 표현하고, 드러내고, 또한 거절할 수 있는 보이지 않는 힘을 주었다. 그 결과 승진 누락과 같은 어려운 상황을 만나도 나름대로 지혜롭게 대응할 수 있는 여유가 생겼다. 이제 나는 내 마음속에 불편함이 몽글몽글 솟아날 때면 스몰 스텝 파일에 정리해 둔 멘트들을 훑어보곤 한다.

나를 애써 드러내야 할 때, 누군가에게 부탁을 해야 할 때, 반대로 거절해야만 할 때… 이 모든 상황들을 하나하나 자세히 기록해 두곤 한다. 왜 내가 그 상황을 불편해했는지, 그리고 어떤 방식으로 솔직하게 표현할 수 있는지를 연구해 그 답을 적어둔다. 문제를 대하는 나의 태도와 방식을 스몰 스텝 파일에 따로 정리하는 것이다.

다음 번엔 꼭 될거에요!

물론 때때로 전혀 새로운 상황을 만나 예전처럼 우물쭈물할 때도 있다. 그럴 때면 나는 집으로 돌아가 파일을 열어 새로운 상황을 업데이트한다. 그런 기록의 습관은 불편하거나 당황스러운 상황에서도 나를 지켜주는 든든한 방패가 되어준다. 이제 나는 더 이상 그런 일로 솔직하지 못하게 상대의 반응에 맞춰 나를 팔아넘기는, 그리고 나서 자책하는 어리석은 반응을 하지 않을 수 있었다.

그로부터 넉 달 뒤 수시 인사에서, 나는 가뿐히(?) 승진했다. 기분이 좋았다. 그리고 내 앞자리에는 마침, 넉 달 전의 나처럼 승진에서 누락된 공직자 동기인 직원이 있었다.

"이번엔 내가 승진을 먼저 좀 했네, 너 안 돼서 어떡하냐…."

내가 멋적게 위안의 말을 건네자 역시 그 사람은 괜찮다며 신경 쓰지 말라며 손사래를 친다. 나는 이때, 내 어록을 전수할 차례가 왔음을 직감했다.

"야, 뭐가 괜찮아 괜찮긴. 그럴 때는, 이렇게 말하는 거야…."

나는 내가 썼던, '다음번엔 꼭 되겠죠' 어록을 전수해 주었다. 그리고 그 멘트와 함께, 여유를 잃지는 않았으나 살짝 실망을 내비칠 수 있도록 눈을 밑으로 내리깔고 씁쓸한 미소를 짓는 표정도 효과가 있음을 알려주었다. 그것 참, 좋은 방법이라며 씩 웃는 동기 얼굴에 나도 편안하게 마주 대할 수 있었다.

과연, 그 어록의 마법 때문일까, 두 달 뒤 인사에서 그 동기는 승진했고 나도 마음이 뿌듯했다.

3부. 문수정의 이야기

잠 못 이루는 밤을 지나서

그날도 나는 여느 때처럼 두 명의 직원들에게 콘텐츠 수정사항을 전달하고 있었다. 그런데 유독 그날따라 직원들이 내 말을 받아들이지 않고 겉돌고 있다는 생각이 스멀스멀 올라오는 게 아닌가. 결국 주체할 수 없이 솟아오르는 화를 참지 못하고 저도 모르게 물건을 집어 던지고는 밖으로 뛰쳐나가고 말았다. 당황한 직원들의 눈빛이 한참 동안이나 기억 속에서 어른거렸다.

하지만 더 큰 문제는 따로 있었다. 종종 일어나는 이 분노의 정확한 이유를 나도 잘 모르겠다는 것이었다. 그럴 때면 언제나 머쓱함과 낭패감이 밀려들곤 했었다. 그리고 이런 나 자신이 낯설기만 했다. 다른 어느 날이었다. 외부 업체의 사무실에 방문해 미팅을 잘 마치고 막 일어설 때였다. 상대 측 대표가 '오늘 미팅 참 편안했다'며 웃는 얼굴로 배웅 인사를 했다. 아마도 그냥 예의상 한 말이었을 것이다. 그런데 그 말이 마치 비수처럼 내 뇌리에 꽂혔다. 서로 긴장해야 할 미팅이 편안했다니… 나는 그 말이 나를 무시한다고 생각되어 참을 수가 없었다. 다시는 상대방을 만나지 않겠다고 다짐하며 씩씩대며 건물을 나섰다. 지금도 나는 그때의 내 기분과 감정 상태를 충분히 설명할 자신이 없다.

번아웃이 찾아오다

그 무렵의 나는 말도 걸음도 빨랐다. 오죽하면 주변 사람들이 '좀 쉬어라, 숨 막힌다'고 얘기할 정도였을까. 하지만 나는 그런 말을 들으면서도 스스로 요즘 좀 일이 많은가

보다, 예민해졌나 보다 하며 넘겼다. 일을 좀 줄여야겠다는 생각을 잠시 했지만 지킬 수 없는 헛된 약속임을 누구보다도 나 자신이 잘 알고 있었다. 일부러 조금씩 늦게 출근하고 이른 퇴근을 했다. 전혀 집중되지 않는 말 뿐인 명상도 하고 억지로 산책도 했다. 마치 머리와 몸이 따로 노는 기분이었다. 하지만 증상들은 나아지기는 커녕 점점 더 심해지고 있었다.

급기야 정상적인 생활에 지장을 느끼게 되면서 스스로도 '진짜 내가 이상하구나'라는 사실을 인지하기 시작했다. 이런 나의 변화를 알아차린 지인이 진지하게 병원에 가보라고 일러준 때도 그즈음이었다. 결국 나는 반신반의하는 마음으로 병원을 찾았다. 그리고 번아웃으로 인한 심각한 우울이라는 진단을 받았다. 진료실에서 주체할 수 없을 만큼의 눈물을 쏟아내고는 약을 처방받아 나왔다.

나는 왜 나답지 않게 변해갔을까

그때의 내 증상은 다음과 같았다. 일단 분노의 정도가

심각했다. 상대방을 죽여버리고 싶을 정도의 미움이 쉽게 몰아쳤고, 겨우 잠잠해진 후에는 어김없이 자책감이 밀려들었다. 머리가 멍해져서 뭔가에 집중을 할 수가 없었다. 한두 시간이면 할 일을 미루고 미루다 결국 일주일을 넘기곤 했다. 3년 넘게 꾸준히 공을 들였던 운동도 무기력이 심해져 결국 포기하고 말았다. 이름이나 카드 비밀번호 등을 갑자기 잊어버렸다. 스타벅스에 가서는 커피빈 앱에 들어가 메뉴를 주문하는 일도 있었다. 이런 단기기억 오류와 같은 인지적 장애가 계속되면서 MRI 검사를 받아야 하나, 심각하게 고민할 정도였다.

나중에 안 사실이지만 이 같은 인지 능력의 저하는 우울 등의 대표적인 증상 중 하나였다. 나를 진료한 의사는 뇌졸중이나 외부의 심한 충격이 아닌 이상 치매나 뇌기능의 문제가 생길 수 없다고 했다. 업어가도 모를 정도로 잘 자던 내가 잠을 못 이루기 시작한 것도 그즈음이었다. 새벽 3, 4시까지 잠을 이루지 못하는 날이 점점 늘기 시작했다.

그때의 나는 이상하게도 사람들의 나를 향한 시선을 왜곡하고 있었다. 그들이 나를 무시한다, 비웃는다, 욕한다고 믿고 있었다. 그러다 보니 자연스럽게 친한 사람들과 말도 안 되는 다툼을 하게 되었다. 타인에 대한 원망이 많아지고 자꾸만 미래를 비관적으로 상상하게 되었다. 나는 이런 나를 이해할 수 없었다. 나는 원래 집중만 하면 뭐든지 해낼 수 있다고 당차게 믿는 긍정적인 사람이었다. 지금껏 자신감으로 몰입해 모든 일을 무탈하게 처리해오고 있었다. 그런데 이런 자신감, 자존감이 모래성처럼 허물어지고 있었다. 그러자 그 어떤 결정도 쉽게 내릴 수 없는 상황이 왔다. 늘 나만 부족한 듯 했고 일상의 삶이 덧없게 느껴졌다. 점심 메뉴를 정하는 것도, 심지어 아침에 입고 나갈 옷 하나 고르는 것도 그렇게 어려울 수가 없었다.

내가 행복하지 못한 이유

어느 날 업무 미팅을 하던 중이었다. 직원 하나가 갑자기 내게 다음과 같은 질문을 던졌다. '대표님은 인생의 목표가 뭐예요? 가장 큰 욕구는요? 왜 그렇게 성취가 중요하세요?' 질문이 마치 취조같았기에, 갑자기 벌거벗은 기분이 들어 당황했고, 이는 순식간에 불쾌감으로 바뀌었다. 내 기분 나쁜 표정이 고스란히 드러나기 시작하자 나는 창피하기까지 했다. 하지만 더 수치스러웠던 것은 무례하게 느낀 질문보다 그 답이 내게 없었다는 것이다. 당혹스런 속내를 감추고 답을 하려 애를 썼지만 나는 그 어떤 답도 찾지 못한 채 얼버무리며 허둥댈 뿐이었다.

그 무렵의 나는 일주일 내내 일하고 있었다. 그러면서도 4일만 일하는 게 나의 비전이라고 공공연히 떠들고 다녔다. 유튜브는 항상 2배 속으로 보았다. 심지어 명상 앱도 두 배 속으로 들으면서 헛된 명상을 했다. 물론 내가 덜 일해도 회사가 잘 돌아갔다면 일을 줄이지 않을 이유가 없었다. 그러나 그 무렵의 내게는 그런 확신이 없었다. 직원들 대부분은 1년 미만의 신입들이었다. 신입들과 수많은 시행착오를 거치며 일하다 보니 일하는 시간은 야속하게도 한정없이 늘었다. 대표의 의존도를 줄일 수 있는 업무 시스템을 만들겠다 호언장담 했지만 결국은 대표가 더 많이 일하는 구조를 만들고 있었다. 말로는 직원들을 믿는다고 했지만 그건 엄연한 거짓말이었다.

열심은 왜 상처가 되었을까

게다가 직원들에게 맡기기 보다 나의 열심을 앞세워 내가 일을 처리해버리니 아이러니하게도 직원들의 퇴사가 늘어났다. 나는 이런 상황을 도무지 이해할 수 없었다. 분명히 과하긴 했지만 앞만 보는 경주마처럼 열심으로 달리는 게 이렇게 문제인가? 남에게 채찍질 당하지 않으려면 스스로를 채찍질해야 함을 증명이라도 하듯 대표가 솔선수범을 보이는게, 퇴사할 일인가? 라며 억울함을 가장한 자기합리화에서 빠져나오지 못했다. 주변 사람들에게 항상 떳떳하다 자신했는데, 왜 그들과 내가 행복하지 않은지 이유를 알 수 없었다. 이런 나의 성격 때문에 주변 사람들이 모두 힘들어했다. 직원들은 한결같이 '대표님은 좋은 분이긴 한데..'로 시작해서 '그래도 저는 견디기 어렵습니다'로 끝나는 진심들을 약속이라도 한 듯 반복해서 말했다. 우리의 목표를 달성하기 위해 달려야 할 이유와 근거를 설파했지만 그럴 수록 직원들과의 거리는 멀어지고, 감정의 골은 깊어질 뿐이었다. 어느 순간 무엇이 옳고 그른지에 대한 기준조차 혼란스러울 따름이었다. 퇴사하는 직원들의 몇몇 이야기에 마음을 휘둘리기 시작하니 더더욱 되는 일이 없었다. 그제서야 어렴풋이 다음과 같은 사실을 깨달을 수 있었다. 아, 나는 맹목적인 열심으로 무작정 일만 하는 사람이었구나, 나만의 가치관으로 전혀 살지 못하고 있구나. 그 밤은 유난히 오랫동안 잠을 이룰 수 없었다.

변화를 갈망하는 독재자

아침 7시면 호텔에 모여 흰 목장갑을 끼고 명함을 나눠주며 네트워킹을 하는 모임이 있었다. 그런데 그 모임에 참석하는 게 나는 죽기보다도 더 싫었다. 가식적이라고 느낀 것도 있지만 무엇보다 내 성격에 맞질 않았다. 그러나 작은 회사의 대표는 영업도, 생산도, 판매도 모두 다 할 수 있어야 한다. 대표가 여러 역할을 감당할 수록 인건비는 줄고 운영의 효율을 높일 수 있으니 말이다.

어쩔 수 없이 참석한 미팅에서 먹는 호텔 밥은 정말 모래알 같았다. 어찌 어찌 몇 주는 괴로움을 억지로 참아냈는데, 급기야는 시름 시름 몸이 아프기 시작했다. 도저히 안 되겠다 싶어서 1년 회비로 내놓은 130만 원을 깔끔하게 포기했다. 막상 그렇게 안 하기로 마음먹으니 날아갈 만큼 기분이 좋았다. 놀라운 일은 그 다음이었다. 작은 회사의 목숨 줄 같았던 그 모임을 나오자마자 말도 안 되는 일이 일어나기 시작했다. 새로운 플랫폼에서의 소개와 계약이 줄을 이었다. 그 즈음부터 조금씩 자발적인 일을 늘려가기 시작했다. 안갯 속 같았던 의식이 명징해지고 내적인 조화로움이 찾아오기 시작했다.

더하기가 아닌 빼기의 삶

그 사건을 계기로 나는 자신과의 관계가 어떤 다른 관계보다도 중요하다는 사실을 어렴풋이 깨달을 수 있었다. 그동안 나는 생존이라는, 성취라는, 성공을 위해서라는 이유로 내가 견디기 힘든 일까지도 스스로에게 강요하고 있었다. 그러나 변화는 누군가가 정해놓지 않은, 내 방식대로 일을 진행하게 되면서 시작되었다. 무엇보다 감춰두었던 나만의 색깔이 조금씩 그 모습을 드러내기 시작했다.

나는 그때부터 과감하게 나한테 너무 취약한 일이나, 잘 못하거나 하기 싫은 일들을 슬슬 정리하기 시작했다. 일종의 에센셜리스트가 되겠다고 스스로 선언했다. 해야만 하는 것이 아닌 하고 싶은 일들도 배치된 하루로 채워가기 시작했다. 사실 나는 태생적으로 성취 지향적인 성향을 지닌 사람이었다. 그리고 성실 중독자이기도 했다. 나는 '반드시 성공하겠다는' 막연한 목표를 가지고 남들이 만들어 놓은 루틴을 무조건적으로 좇아오고 있었다.

게다가 의사 결정을 머뭇거리는 것은 시간을 낭비하는 것이라 간주하고 업무 추진을 빠르게 하는 것이 결단력 있는 리더라고 착각하고 있었다. 빠른 의사 결정은 빠른 실행으로 이어질 수 있지만 그것이 매번 옳은 결정으로 이어질 확률은 높지 않았다. 그럼에도 불구하고 '더 빠르게, 항상 올바른 판단과 결정으로 더 잘해야 한다' '늘 더 나아져야 한다'는 집착은 나 스스로에게 너무도 불친절한 삶의 자세이자 학대의 메시지였다.

스몰 스텝을 시작하다

나는 항상 '내가 맡은 일은 반드시 성공시켜야 해' '쉽게 화를 내서는 안돼' ''내일 아침부터는 조깅을 다시 시작해야 해' '부모님을 더 찾아뵈어야 해'와 같은 의무감을 강조하는 세뇌의 메시지를 무작정 기계적으로 반복하고 있었다. 이렇게 날마다 더 나은 성취를 갈망하는 독재자의 목소리는 부작용이 만만치 않았다. 무엇보다 나 자신을 조금씩 무가치한 사람으로 느끼게 했다.

사실 매일 자신의 능력을 증진할 수 있는 사람은 존재하지 않는다. 그런 상태를 계속해서 견뎌낼 사람은 세상에 없기 때문이다. 직원들과 갈등이 증폭될 그 무렵 우연히 접하게 된 책 한권의 메시지는 전력 질주하던 길에서 우선 멈춤을 하게 했다. 매일의 '빠르고 거친 진전'에서 '나를 돌아보는 스몰 스텝'으로 발걸음을 옮기라고 은밀하게 말하는 듯 했다. 그 때부터 서서히 나는 내게 맞는 것, 나를 행복하게 하는 것에 대한 관심을 기울이기 시작했다. 지금까지 나와 주변인의 고통과 불행이 진정한 나 자신의 욕구를 무시해서 찾아온 결과임이 희미하게 보였다. 스스로를 억압하고, 어울리지 않는 행동을 하고, 길게는 자신을 한계까지 몰아붙이면서 찾아온 당연한 결과였다.

이상한 나라의 스몰 스텝

그렇게 일상의 중심이 비스듬하게 스몰 스텝으로 기울어졌다. 스몰 스텝 리스트를 만들면서 삶의 반경은 조금 더 구체적이고 섬세하게 변화하기 시작했다. 스몰 스텝은 나 자신을 있는 그대로 받아들이고, 친절하게 대하라고 말한다. 그래서 나는 누가 보면 특이하다고 생각하겠지만 내 마음의 소리에 비중을 둔 루틴 리스트들로 하루를 하나둘씩 채웠다. 너무도 이상한 나만의 스몰 스텝 리스트는 다음과 같다.

- 의사결정 미루기
- 목표 세우지 않기
- 드라마 보기(시간이 아까와서 드라마 정주행을 못한다. 그런 내게 지인들이 제발 드라마 좀 보며 사람공부 좀 하라고 한다.)
- 늦잠 자고 지각하기
- 주말에 나만을 위한 시간 갖기
- 그냥 빈둥거리기, 게을러지기
- 다른 사람 실망시키기
- 타인의 부탁 거절하기
- 더 나아져야 한다는 착각 벗어나기 (나는 전혀 달라질 필요가 없다. 항상 아름답거나 완벽하지 않아도 되고, 실수를 할 수도 있으며, 나쁜 감정이나 단점이 있을 수도 있다. 지금 이대로의 상태도 아무런 문제가 없다.)
- 가끔 낮술 즐기기
- 체력을 위해 이사하기

- 1:1 운동 시작하기

- 명상과 마인드 컨트롤 해보기

- 수용, 용서 연습하기

- 감사일기 쓰기

- 글쓰기 (결국 미루어왔던 글쓰기가 마무리되면서 책을 출간했다)

- 리더급 네트워킹 안 하기

- 오늘 내가 행복하려면 무엇을 하지? 질문하기

- 나의 사소한 욕구 채워주기, 커피에 사치 부리기

- 약 줄이기

- 회사 직원 정리하기

- 일하는 중간 중간 나가서 걷기

나는 행복이란 무언가를 성취해서 번창해 나갈 때 느끼는 것이라 생각했다. 특히 물질적 욕구가 충족되면, 정신적 행복도 충족되리라 생각했다. 그런데 기존에 물질적 성취의 기준들을 내려놓고 그것을 취하지 않으니 도리어 정신의 풍요와 마음으로 와닿는 섬세한 행복감이 찾아오기 시작했다. 정말로 아이러니한 일이었다.

또한 나는 스스로에게 다정해지기로 결심했다. 자신에게 엄격한 사람은 양날의 검이 되어 타인에게도 가혹해지기 쉽다. 다른 사람의 다른 생각을 받아들이지 못하고 정죄하기 쉽다. 내 눈에 맞지 않는, 남한테 하지 못한 말들이 그렇게 나를 한없이 옭아맨다. 어쩌면 그래서 나는 밤마다 침대 위 악몽 속에서 그렇게 욕을 했는지 모른다. 고래 고래 소리를 지르고, 또박 또박 업무지시를 하는 나의 잠꼬대를 보면서 남편은 밤마다 서늘함을 느꼈다고 한다. 자다가 벌떡 일어나 갑자기 엉엉 울기도 하고, 때로는 조폭들이나 할 만한 찰진 욕도 자면서 참 많이 들었다고 한다.

스콧의 삶, 아문센의 삶

1911년 11월, 남극 탐험을 위해 두 명의 탐험가가 도전을 시작했다. 한 사람은 영국 해군 출신의 로버트 팔콘 스콧 대령이었고, 또 다른 한 사람은 최후의 바이킹으로 알려진 로알 아문센이었다. 그중 아문센은 남극에 첫발을 내디

딜 때부터 다음과 같은 원칙을 철저히 지켰다고 한다. 비가 오든 눈이 오든 매일 정확히 24km만 걷겠다는 원칙이었다. 아무리 날씨가 좋아도 24km만 이동했다고 한다. 그러나 스콧은 얼어붙듯 추운 날에는 휴식을 취하는 대신 날이 좋을 때면 혹독하리만치 다른 대원들을 몰아붙였다고 한다. 그리고 그 결과는 아문센의 남극점 도달, 스콧 팀의 전원 사망이었다.

나는 그동안 누가 뭐래도 스콧의 삶을 살고 있었다. 무조건 의지로 밀어붙이면 안될 것이 없다고 굳게 믿고 있었다. 달릴 수 있을 때 전력 질주해야 한다고 생각했다. 밤을 하얗게 불태운 후 생기는 다크서클은 훈장으로 생각했다. 그러나 아문센처럼 스몰 스텝으로 걷는 삶은 일견 비효율적으로 보였으나 가장 지혜롭고 탁월한 선택이었다. 이 깨달음을 얻고 난 후, 나는 삶의 방식을 재고하게 되었다. 스콧처럼 극한의 노력으로 한 번에 많은 것을 이루려는 태도는 결국 자신을 소진시킬 뿐이었다. 반면 아문센의 지속 가능한 접근법은 장기적으로 더 큰 성취를 가져왔다.

'나는 어떤 사람인가'를 다시 정의하다

내가 어떻게 행동하는가는 단순한 습관의 문제가 아니라 내가 어떤 사람인지, 즉 정체성의 문제였다. 스콧처럼 살았던 나는 '항상 최대한의 성과를 내야 하는 사람'이라는 정체성을 가지고 있었던 것이다. 그러나 이제는 '지속 가능한 방식으로 꾸준히 나아가는 사람'이라는 새로운 정체성을 받아들일 때가 되었다. 실행 방식을 바꾸기 전에 먼저 자신에 대한 정의를 바꾸어야 했다.

대부분의 사람들은 행동을 먼저 변화시키려 든다. 하지만 지혜로운 이는 그전에 자신의 정체성을 먼저 바꾼다. '성공하는 사람들의 7가지 습관'이라는 책에서 스티븐 코비는 이를 패러다임의 변화라고 불렀다. 나는 이 말을 따라 스스로를 여유 있고, 마음이 풍요로우며, 내가 가진 탁월함으로 세상의 변화에 기여하는 사람, 다른 사람들도 그렇게 살도록 한 발자국씩 꾸준함으로 나아가는 사람이라고 정체성을 다시 한번 재정의하기 시작했다.

미국의 유명한 음악 프로듀서 릭 루빈은 할 수 있는 한

최소한으로 눈앞의 일을 쪼개라고 조언한 바 있다. 예를 들어 다섯 줄의 가사가 필요하다면 오늘은 딱 하나의 단어를 찾는 데 집중하라는 것이다. 그 한 단어는 누구나 쓸 수 있다. 이렇게 작은 단위로 나누는 한 스텝은 무언가 나를 압도하는 상황이 올 때마다 스스로를 지켜주는 강력한 지혜로 작동하기 시작했다.

시간에도 쉼표가 필요한 이유

　과잉 성취와 과몰입으로 범벅이 된 하루는 늘 1.5배 속이었고, 한 번에 한 가지 일만 하는 경우는 거의 없었다. 일을 하면서 밥을 먹거나, 청소를 하면서는 책을 읽거나 온라인 강의를 들었다. 특히 단순한 일은 한 번에 한 손만 사용하는 일이 드물었다. 오른손으로 음식을 요리하면서 왼손으로는 선반장의 그릇이라도 정리해야 직성이 풀렸다. 이렇게 멀티태스킹과 '1타 2피'에 익숙해진 나는 시간을 온전히 느끼거나 채우기보다는 해치우고 없애는 방식으로 대했다.

시간의 재생속도를 0.5배속으로

쉼표는 악보에만 있는 것이 아니다. 인생의 악보에도 있어야 한다. 쉼표 없는 시간을 좀 늦춰 보자고 다짐한 후, 마땅한 방법이 떠오르지 않아 우선 여행을 계획했다. 새로운 시간을 보내기에 휴양지 세부는 가장 적당한 선택이었다. 관광 스케줄은 일절 배제하고, 한 공간에만 머물렀다. 조바심을 내려놓고, 그저 고요함을 경험했다. 스케줄이 단조로우니 시간 속으로 깊이 스며들었고, 공기까지도 음미하며, 시계를 보지 않는 느슨한 여행을 했다. 머무는 곳의 장면 하나하나를 만날 때마다 다양한 감각이 떠올랐다.

세부의 밤은 낮의 화려함보다 몇 배 더 깊고 고혹적이었다. 식어버린 모래사장의 어느 발자국에는 여전히 뜨거운 열기가 남아 있어, 밟을 때마다 시원한 건지 따뜻한 건지 알 수 없는 미묘한 온기가 올라왔고, 그 감촉은 번갈아가며 내 발가락을 간지럽혔다. 온통 새파란색으로 가득했던 한낮의 바다는 이제 어둠이 그 빛깔을 모두 삼켜 검은빛을 띠었지만, 파도만큼은 흰빛을 튀어 올리며 흑지에 흰 물감을 뿌리듯 여기저기 흩날렸다.

사람들의 웃음소리가 가득하고, 폭발적인 태양빛에 묻혀 들리지 않았던 바다의 울음은 밤이 되자 그제야 목청을 높였다. 파도는 일정한 리듬과 박자에 맞춰 올라갔다 내려가며 마치 신이 나서 춤을 추는 듯했고, 무도회의 주인공처럼 그곳을 온전히 장악하고 있었다. 그 기세가 얼마나 센지, 때로는 아이의 볼을 때리는 듯한 찰진 소리가 나고, 때로는 모래를 쓸어 바다로 빨려 들어가는 소리가 마치 진공관이 무언가를 흡입하는 듯해 함께 쓸려가는 착각을 일으키기도 했다. 그러다 갑자기 엄청난 소리를 동원해 파도의 키를 있는 만큼 높이 올려놓더니, 잠시 1초간의 정적을 채운 후 속절없이 후두둑 떨어지는 모습을 보이기도 했다.

이런 요란함 때문인지, 아무도 없는 공간이었지만 우리는 가까이 다가서야만 겨우 목소리를 들을 수 있었다. 27도로 체감되는 밤공기와 옆머리를 기분 좋게 넘겨줄 정도의 적당하고 건조한 바람 덕분에 우리는 연신 시원하다고 감탄하며 발걸음을 멈추지 않았다. 깊은 숨을 들이킬수록 짠내는 몸속 오장육부에 빠르고 고르게 퍼졌고, 짠 기운들이 몸속 수분을 움켜쥐니 왠지 입술이 마르기도 했다. 그때는 입술을 훔쳐도 소용이 없었다. 어차피 그 짭짤함이 남아 있을 테니까.

몸을 한껏 젖혀 하늘을 올려다보니 작은 조명등 같은 별들이 무수히 반짝이고 있었다. 분명 하늘을 올려다보고 있었지만, 마치 깊은 바닷속 별들을 들여다보는 것 같아 위와 아래의 경계를 구분할 수 없었다. 한곳에 깊고 느리게 머무는 시간은 오히려 꽉 찬 시간이 되었고, 자연을 온전히 느낀 만큼 충만한 내 자신으로 돌아왔다. 진짜 여행이란 이런 것이었구나!

시간을 느리게 산다는 것

《정리하는 뇌》를 보면, 우리가 몽상할 때 뇌가 휴식을 취한다고 말한다. 뇌에 무언가를 요구하지 않을 때 비로소 뇌를 쉬게 할 수 있다는 것이다. 나는 여행에서 돌아온 이후, 가끔 뇌를 쉬게 하고 싶을 때 이 장면을 떠올리곤 한다. 편안함이 스며들고, 시간이 잠시 멈춘다.

쫓기듯 바쁜 일상을 벗어나려고 단순히 '느리게 살자'고 막연한 다짐을 했을 때는 조금 여유를 찾겠구나 기대했었다. 하지만 삶의 속도에서 살짝 벗어나 시간을 더디게 살아가 보니, 여유가 아닌 평화가 덤으로 찾아왔다. 느린 시간이란 단순히 굼뜨게 행동하거나 해야 할 일을 줄이는 것이 아니라, 삶을 깊이 있게 경험하고 순간 순간을 음미하는 태도를 의미한다.

시간을 느리게 사는 첫걸음은 '우선 멈춤'에 있다. 하지만 나는 멈추는 순간 경쟁에서 뒤처지고 도태될 것이라는 가짜 메시지에 세뇌되어 얼마나 많은 하루 하루를 멈춤 없이 흘려보냈던가. 이제는 하루 중 일정 시간을 정해 멈추고, 세부에서처럼 주변의 풍경을 감상한다. 이러한 짧은 멈춤은 무심코 지나쳤던 주변의 찬란함을 발견하게 해준다. 시간을 느리게 살면 현재를 온전히 경험할 수 있고, 빠르게 흘러가는 순간을 놓치는 대신 소소한 기쁨과 아름다움을 발견할 수 있다. 그렇게 일상의 만족감과 행복감이 서서히 높아진다.

요즘처럼 바쁜 시대에 꾸물꾸물 시간을 보낸다는 것은 도전적인 선택처럼 보일지도 모른다. 하지만 이는 삶을 더 깊이 경험하고, 진정한 행복을 발견하는 열쇠가 될 수 있다. 멈추고, 단순함을 추구하며, 현재에 집중하는 태도는 평온을 가져다준다. 이것은 게으르거나 비효율적인 것이 아니라, 삶의 본질을 깨닫고 더 풍요로운 순간을 경험하려는 적극적인 태도이다. 나는 이제 매일 잠시 멈춘다. 천천히 나아갈 때마다, 주위의 소소한 위대함을 눈에 담는다.

4시의 들숨날숨

오후 4시. 회사용 실내 슬리퍼를 벗고, 운동화를 신는다. 오후 4시의 바람과 공기는 오전의 빠듯한 피로감에 대해선 위로를 주고, 남은 오후를 위해선 다시 이어가자며 격려를 한다. 걷다가 문득 카페 앞 신메뉴를 소개하는 배너가 눈에 들어온다. 무심히 한 잔을 사 들고 목적지 없이 주변을 눈에 담으며 그냥 그렇게 걷는다. 꼭 달리지 않아도, 몇 킬로 목표를 정하지 않아도 걷는 것이 주는 회복을 알게 된 이후 마음이 답답해지면 그렇게 운동화로 갈아 신는다.

원래부터 이렇게 걷는 걸 즐기는 사람은 아니었다. 워낙 걷는 걸 싫어했고, 체력도 약했고, 운동도 너무 못했다. 심지어 수영강사는 레슨 도중 내게 "이렇게 운동신경이 없는 사람은 처음 봤어요!"라며 운동을 배울 의지에 대한 사망선고를 내려버렸다. 이런 내게 몸치라는 별명은 항상 꼬리표처럼 따라다녔고, 걷기를 포함해서 운동이나 몸으로 하는 활동은 항상 거리를 두었다.

방배동 근처, 오후 4시의 냄새

스몰 스텝 리스트 중에 걷기가 추가된 이후 걷는 일상이 자연스러워졌다. 일의 중압감이 점점 커지고, 해야 할 일도 눈덩이처럼 커져갈 즈음 작은 일에도 충동적으로 화를 내고 사람에 대한 원망과 비난이 높아져가는 걸 느끼고 있을 때였다. 감정의 기복이 시도 때도 없으니 정상적인 일상이 불가했다. 그럴 때마다 걸어보자 야심차게 계획했지만 막상 밖으로 나가자니 외투도 입어야 하고, 신발도 갈아

신어야 해서 귀찮기도 하고, 번거롭기가 이만저만이 아니었다. 그냥 앉아서 참아내라고 발을 묶는 마음 속 밀당이 연신 일어나지만 이제는 주저없이 일어섬을 택한다. 그때부터 일상에 변화를 준 걷기 스몰 스텝이 시작되었다.

걸을 때는 언제까지 어디를 가야 한다는 목적의식이 없이 나아간다. 발바닥에 전해지는 느낌도 매번 다르고, 늘상 가던 길도 새로움 투성이고, 단 한 번도 같은 공기였던 적이 없다. 걸을 때 나는 시각보다 후각이 더 예민하게 반응해서인지 이젠 방배동 근처의 오후 4시의 냄새가 어떤 것인지 머릿속에 있다. 아마 미래의 언제가 이런 비슷한 냄새를 맡게 되면 요즘 이 동네를 걷던 이 기억을 되살릴 것 같다.

내 삶의 속도를 조절하다

누군가 들숨과 날숨이 끝나면 죽음이라고 했다. 날숨 후 들숨이 되지 않는 그날 그게 죽음인 거다. 그 말을 생각하며 다시 깊이 들이마시고, 내쉬며 호흡의 틈을 넓혔다. 들숨에 집중할 때마다 공기가 들어오는 만큼 살 날이 있다는 게 감사로 다가온다. 그냥 부담 없이 한두 걸음으로 시작한 걷기였지만 걷는 행위는 꽤 쓸모 있는 시간이 되었다. 왜냐하면 걸으면서 고민이 해결되기도 하고, 미웠던 사람이 이해도 됐으며, 조금 더 웃었고, 등 통증도 사라졌기 때문이다. 이렇게 무언가가 정리되고, 깨끗해진 심상이 돌아오니 걷는 건 마치 청소와 같다는 생각이 든다.

그렇게 내가 나를 지킬 수 있는 방법 중 하나를 찾았다. 불필요한 긴장감을 만드는 집착은 밀어두고, 잡지 않으면 지나쳐버릴 주변의 감탄을 끌어오면 삶이 풍요해진다. 감사는 깊이 들이키고, 후회나 욕심은 날숨에 멀리 뱉어버리니 이렇게 시원할 수가. 전력 질주하듯 가면 100미터밖에 못 간다. 오래가려면 속도를 늦추는 방법밖에 없다. 이런 24시간 중에서 하루의 걷기, 이 시간은 삶의 속도를 조절해주는 계기판이다. 오늘 하루 중 떨쳐야 할 건 버리고, 고마움을 품어야 할 것엔 감사 인사를 보낸다. 4시의 짧은 들숨날숨, 그렇게 오늘도 스몰 스텝을 한다.

안하겠습니다. 못하겠습니다!

많은 이들이 그렇겠지만 내 인생의 대부분도 다른 사람이 내게 기대하는 일을 하며 보냈다. 인정 중독에 길들여진 K 장녀들의 공통점이랄까. 다른 사람에게 "잘했다. 훌륭하다." 그 말 한마디 듣기 위한 일들로 삶의 우선 순위가 맞춰져 있었다. 장녀로 자라면서 부모님의 기대에 부응해야 했고, 결혼을 한 후에는 아내와 엄마의 역할에, 직장 생활을 하면서는 상사와 클라이언트의 평가가 내 일상의 최우선이었다. 이런 삶이 나쁘지만은 않았다. 열심히 살게 했고, 그만큼 인정받으며, 나의 위치와 존재감도 분명하게 자리하게 됐으니까.

하지만 어느 순간 내 시간은 나 또는 가족을 위한 시간보다 클라이언트 평가를 위한 시간에 전부 올인되어 있다는 걸 깨달았다. 하루 12-14시간씩 일했고, 성과를 인정받을수록 마무리되는 게 아니라 일이 더 많아졌다. 잘하면 잘할수록 해야 할 일은 더 많아졌고, 잘 해내려고 애쓸수록 부담감과 중압감이 스노우볼처럼 커져갔다.

오늘이 내 삶의 마지막 날이라면

그날도 혼자 남아 일을 하다가 밤 11시를 가리키는 시계를 보며 망연자실해서 혼잣말로 '내가 두 명이었으면 좋겠다' 이런 망상을 하고 있었다. 그러다 문득 떠올랐다. 내가 내일 죽는다면 나는 지금도 이렇게 살고 있을까? 시한부 인생 선고받고, 갑자기 전 세계 여행을 하는 그런 영화 속 주인공이 스쳐 지나갔지만 그런 거 말고, 현실적으로 내게 남겨진 시간이 얼마 없다면 나는 어떤 시간에 조금 더 시간을 내어줄지 신중하게 되물었다.

스티브 잡스는 오늘이 내 삶의 마지막 날이라면 내가 오늘 하려는 것을 하고 싶을 것인지 물으며 결정하라고 했다.(2005년 6월 12일 스탠퍼드 대학교 졸업 축사 중에서). 모든 사람은 세상에 올 때 공평하게 24시간만 받아 빈 손으로 오기에 시간이 가장 소중한 자원이다. 그렇기에 그 시간을 어떻게 쓰고 있는지가 그 사람이 누구인지를 가장 잘 알 수 있게 한다. 내가 진짜 살고 싶은 모습으로 24시간을 채우지는 못하더라도, 나다운 선택과 나다운 하루를 조금씩은 허용해야겠다고 막연한 다짐을 했다. 그 후 나는 해야 할 일로만 채우는 것 말고, 10% 정도는 하고 싶은 것에 시간을 조금 양보하기 시작했다. 시간을 내어놓는 것은 그만큼의 기회나 돈, 여러 가지 것도 함께 양보하는 것을 의미하기에 처음엔 쉽지 않았다.

프로젝트를 거절하다

어느 날 공동경영자가 10명인 병원에서 브랜딩 추진팀으로 위임받은 3명의 의사가 찾아왔다. 그들이 원하는 대로 3명에게 브랜딩에 대한 제안을 마쳤고, 그들은 하고 싶다며 입을 맞춘 상태였다. 하지만 추후 나머지 7명 넘는 공동경영자들이 막상 왜 브랜딩을 해야 할지 모르겠다고 반대를 하는 상황이라 설득을 해달라고 했다. 평상시 같으면 빵빵한 장표를 만들어서 설득을 위한 논리를 전개했을 터이지만 이번 설득에 성공(?)한다면 나는 의사결정권 팀 3명이 아닌 그 10명을 대상으로 매번 설득을 해야 함이 분명했다.

이런 구조라면 설득하는 데에만 에너지를 들이고, 일을 일답게 할 수 없을 게 보였다. 의사결정 체계가 깔끔하게 정립되어 있지 않은 상태에서 그들의 의견 합치까지 내가 할 일은 아닌 거였다. 네트워크 병원이고, 좋은 레퍼런스가 될 것 같았지만 일보다 합의에 시간을 쏟는 것은 나다운 일의 방식은 아니었다. 결국 나는 최종 의사결정권자가 정해져야 일을 할 수 있다며 정중히 거절했다.

그 용기를 시작으로 그 이후에도 몇 건의 제법 큰 프로젝트를 거절했다. 앞으로 나는 나를 지키며 일할 수 있는 일에만 나를 허용할 것이고, 일 외에도 내가 원하는 것을 하기 위한 시간도 내어줄 거다. 그렇게 프로젝트를 거절한 만큼 조금은 벌게 된 시간엔 유화 그림도 그리고, 피아노도 치고, 드라마도 보고, 게임도 한다. 아직 내가 일 외에 뭘 더 하고 싶어 하는지 잘은 모르겠다. 하지만 이젠 외적인 평가를 위한 낯선 시간 말고, 나를 알아가는 따뜻한 시간을 좀 더 쓰고 싶다.

조금예민한수다(1)

조금 예민한 수다를 시작하다

조금 예민한 마음은 내 삶의 균형이 어딘가 흔들리고 있다는 신호일지도 모른다. 너무 오래 참았거나, 나를 설명하지 못했거나, 혹은 그냥 살아내기만 하느라 스스로에게 무심했을 때. 그런 순간, 말이 아닌 몸이 먼저 반응하고 마음이 예민해진다. 스몰 스텝은 그런 감정을 놓치지 않는 데서 시작된다. 별것 아닌 줄 알았던 불편함을 곱씹어 보고, 내가 진짜 좋아하는 게 뭔지 자문해보며, 조금씩 내 삶의 무늬를 다시 짜내는 일. 이 수다는 그런 예민함에 대한 이야기다. 어떤 날은 화가 나고, 어떤 날은 이유 없이 무기력하고, 또 어떤 날은 괜히 울컥할 때. 그것을 감추지 않고 꺼내놓으며 "나만 그런 게 아니구나" 하고 고개를 끄덕이게 되는 대화. 지금부터 펼쳐질 이야기들은 완벽한 해답을 주는 대신, 아주 작고 사적인 공감들을 건넨다. 그것이 때로는 더 큰 위로가 되기도 하니까. 우리의 수다는 그렇게, 스몰 스텝처럼 시작된다.

김세엽

아침에 독서하기, 저녁에 수영하기 등 저는 이전에도 자유 시간에 이것저것 좋아하는 활동들을 해왔었어요. '스몰 스텝'을 읽으면서 작가님이 성찰을 좋아하고 생활 속 작은 활동을 즐기는 모습이 저와 비슷하다고 느꼈어요. 그런데 작가님은 그 작은 습관들에 스몰 스텝이라고 명명하고 꾸준한 실천을 통해서 그걸 계속 확장해나가고 있었어요. 제게도 작은 루틴들이 있고 나도 내 방식대로 살아가거나 추구하고자 하는 방향성이 있지만 그게 정체성이 되지 못하고 그냥 흐지부지되는 느낌이었는데, 스몰 스텝은 이런 작은 실천들에 확실한 의미를 부여해주었어요.

우울감이나 정신적인 문제가 있을 때 가장 먼저 내리는 의사들의 처방이 루틴을 지키라는 거라고 들었어요. 그게 효과가 있는 것은 자기 자신의 시간에 질서를 부여하고 객관적으로 바라보는 또 하나의 눈을 갖게 되기 때문이 아닐까 생각했어요. 스몰 스텝도 비슷해요. 이전에는 연체동물이었다가 갑자기 척추가 생긴 것처럼, 뭔가가 확립되는 기분이에요. 이렇게 나답게 살려고 하는 사람이고, 그 노력과 시도에 긍정적인 자극을 주니까 더 즐겁고 행복해지면서 주체적인 삶으로 바뀌는 게 아닐까요.

박요철

제가 스몰 스텝을 쓴 이유는 단순한 습관 만들기가 아니었어요. 직업이 브랜드 전문가다 보니 나를 브랜딩하기 위해 뭘 해야 하지? 그런 질문이 들어온 거예요. 물론 사람도 브랜드가 될 수 있다고 말하는 전문가들은 많았어요. 그런데 그 방법에 대해서는 아무도 얘기를 안 해주더라고요. 저는 브랜드를 제품이나 서비스를 통해 가치를 더하는 과정이라고 말해왔어요. 그 가치라 함은 쓸모 이상의 욕구를 채운다는 의미이고요.

그렇다면 **내가 나를 브랜딩하려면 가장 중요한 것도 선명해지죠. 나 자신의 욕구를 알아야 한다는 거예요. 내가 어떨 때 힘을 얻고 빼앗기는지, 어떨 때 일상에서 삶의 활기를 느끼는지, 내가 일상에서 어떻게 삶의 활기를 찾는지, 그걸**

먼저 알아야 한다는 거죠. 제가 어릴 때 친구들이 대통령이나 과학자가 되고 싶어했어요. 그런데 그건 우리의 욕구가 아니라 가족이나 학교, 사회의 욕구였다고 생각해요. 내가 나다워지려면 내가 먼저 행복해져야 하지 않을까요? 그러려면 그 출발점은 나의 욕구가 되어야 한다는 거죠.

문제는 그 욕구가 각자 다 다르다는 거죠. 베프인 친구는 오토바이를 타고 시속 300km로 달리거나 아무런 안전장치 없이 바다를 수영하면서 스트레스를 풀어요. 반대로 저는 토요일 밤에 맥주 한 캔 마시면서 넷플릭스를 볼 때가 가장 행복하거든요. 이렇듯 나를 안다는 것, 즉 나만의 정체성을 발견하려면 나의 숨은 욕구에 대한 이해와 발견에서부터 시작되어야 한다고 생각해요. 그 과정에서 내 삶의 어떤 동력, 내적 자원을 알게 되는 거죠.

저는 일상생활에서도, 직업에서도, 대인관계에서도 이런 나다움을 아는 것이 매우 중요하다고 생각해요. **자기 자신을 잘 아는 사람은 자존감도 높아요. 그런데 자존감을 높이기 위해 가장 중요한 게 뭔지 아세요? 바로 작은 성공이에요.** 이런 작은 성공이 그 사람의 욕구를 채워가는 과정이기 때문이에요. 내 배가 불러야 비로소 타인의 배고픔도 보이는 게 인간이에요. 내 배가 고픈데 타인의 배고픔을 해결해주긴 쉽지 않은 일이거든요.

내가 어떤 사람인지를 아는 사람은 세상의 어떤 문제나 인간관계에서 문제가 생겼을 때도 나다운 방법으로 해결할 수 있어요. 하지만 그런 에너지가 없는 사람들은 외부 환경이나 타인들의 의견에 굉장히 쉽게 휘둘리더라고요. 제가 직장생활 15년을 하면서 가장 크게 경험했던 게 그거예요. 회사 대표를 만족시키고 매출을 올려야 하니까, 소비자를 만족시키는 데 열중하다 보니 나를 잃어버리더라고요. 그런데 스몰 스텝을 통해서 나의 욕구가 해소되니까, 즉 행복해지니까 새로운 에너지가 조금씩 차오르더군요. 그래서 두 분에겐 그런 내적 자원이 있는지 궁금합니다. 어떨 때 가장 큰 만족이나 충족감을 느끼시나요?

김세엽

저는 타인과 짧아도 진심 어린 소통을 할 때 가장 큰

기쁨이나 만족을 느끼는 것 같아요. 꼭 그 사람과 깊은 관계가 된다는 걸 의미하진 않고요. 내가 좋아하는 걸 다른 사람들도 좋아한다는 걸 알게 될 때, 책에서 나와 똑같은 생각이 담긴 문장을 발견했을 때 엄청나게 반가워요. 일종의 통했다는 느낌이 들 때요.

박요철

그렇다면 이제 세엽님이 고민할 문제는 세상과 어떻게 잘 소통할까, 그런 게 되겠네요. 사실 제게도 소통이 굉장히 중요한 가치거든요. 그래서 버스 운전기사분께 인사하기, 하루 한 번 친구들과 단톡방으로 소통하기, 한 달에 한 번 부모님께 전화 드리기 등을 실천하고 있는 중이에요. 한번은 낯선 사람에게 말 걸기, 이런 걸 실천한 적도 있어요.

그런데 이 소통이란 것도 무척 다양한 것 같아요. 어떤 사람들은 회식 자리에서 웃고 떠들고 마시면서 일종의 소통을 경험해요. 하지만 저는 말이 통하는 사람들과 만날 때 진짜 소통한 기분이 들거든요. 강의든 토론이든 가치관이 비슷한 사람들과 함께할 때 그런 만족감이 들어요. 이렇듯 소통이란 하나의 키워드도 받아들이는 방법이 사람마다 다 다른 것 같아요. 수정님에게도 그런 키워드가 있는지 궁금합니다.

문수정

예전의 저는 타인으로부터 인정받을 때 저의 욕구가 가장 잘 채워진다고 생각했어요. 하지만 지금은 조금 달라진 것 같아요. 지금은 저의 지식이나 경험을 바탕으로 타인에게 도움을 주는 것에 더 관심이 많아졌어요. 클라이언트한테 인정을 받았을 때 보다 그들에게 진심으로 도움이 되었다는 사실을 느꼈을 때 기존에는 느끼지 못했던 진짜 기쁨을 느끼게 되었어요. **예전에는 열심히 일해서 좋은 결과를 얻을 때의 성취감이 정말 중요했었어요. 그런데 지금은 가족들에게도 직원들에게도 지인들에게도 좋은 영감과 영향을 주고 싶어요.** 이런 긍정적인 에너지를 주고 싶은 이유 때문에 계속 뭔가를 시도하고 있는 것 같아요. 그래서 이렇게 공저로 책을 쓰고 싶다는 생각도 하게 되었고요.

김세엽

갑자기 '영향력'이라는 말이 떠오르네요.

박요철

그러네요. 선한 영향력이라는 말도 있잖아요. 그래서 수정님은 책을 쓰거나 강연을 통해서 영향력을 끼치는 게 중요하다고 생각해요. 아주 대단한 성공이 아니더라도 주변에 사소한 도움을 주는 것만으로도 충분히 대표님의 욕구가 충족될 수 있을 테니까요.

문수정

요즘 성공 루틴이 열풍이잖아요. 성공한 사람들의 루틴을 분석한 습관 리스트는 새벽 4시 기상을 하고, 1일 1식을 하고, 책은 몇 권을 읽고, 매일 명언 필사를 하는 등 '부자되기나 성공하기'를 위한 행동에 집중되어 있는 편이에요. 조금이라도 시간을 허투루 쓰지 않기 위한 치열함을 보여주죠. 이미 오래전부터 저는 성공 루틴이라는 일반적 기준을 무비판적으로 받아들이고, 그것을 충족해야 훌륭한 삶이라고 착각하고 추구하며 살았어요. 자기계발을 위한 습관은 좋은 변화를 끌어낼 긍정적인 도구임은 분명해요. 그런데 목적은 뒷전이고 목표에만 집중된 루틴은 결국 나를 갉아먹고, 불행하게 했어요. 반면 스몰 스텝은 나의 동력을 먼저 구별하게 하고, 내게 맞지 않는 것은 일단 제외하게 하는데, 이건 서로 다른 고유한 개인의 입장에서 각자에게 가능성을 열어주는 틀이 된다 생각해요. 이는 단순히 '내가 정말로 원하는게 무엇이냐, 그것을 추구하면 행복한 삶에 도달한다'는 환상적 이야기를 하는 것은 아니에요.

책 '디퍼런트'에서 약점을 보강하고 채우기 위한 방향은 결국 모든 이가 평균값에 도달하는 형국과 다름없다며 이를 '평준화의 유혹'이라고 표현했죠. 자꾸 약점을 보강하거나 남들의 틀을 따르지 말고, 자신의 고유한 강점에 집중하고, 그것을 더욱 발전시키는 것이 탁월성을 발휘할 수 있는 길이라 했어요. 저는 적극 동감하면서 스몰 스텝의 취지와도 잘 맞다고 생각합니다. 속도보다 우선인건 방향이니까요. 어떤 특정 행동을 강화하기 전에 나답게 살기 위한 삶의 방향성을 갖는 게 무엇보다 우선되어야 할 삶의 전략이 아닐까 싶습니다.

박요철

리추얼, 루틴, 이런 것들은 뭐랄까, 내 것이 아닌 남의 것 같다는 생각이 듭니다. 성공한 부자들의 습관을 배우고 따라한다고 해서 과연 내가 부자가 될 수 있을까? 그런 점에선 좀 갸우뚱하게 되거든요. 한때 유행했던 일만 시간의 법칙도 말이 많잖아요. 목적이나 의미 없이 무조건 시간만 채우는 건 아무런 의미가 없다고 생각하거든요.

문수정

또 한 가지, 이런 루틴은 경쟁을 불러요. 너는 7가지 했지만 나는 10가지 할 테니 내가 더 잘될 거야 이런 식인 거죠. 하지만 스몰 스텝은 이러지 않아도 돼요. 어차피 사람마다 가치 기준과 욕구가 다 다르니 서로의 경쟁이 아닌 개인의 성장만 있을 뿐이죠. 스몰 스텝이 의미 있는 건 이처럼 나만의 특유한 욕구와 내면의 기준에 따라 그 사람을 성장시켜주는데 도움을 주기 때문이라고 생각해요. 그런 자신의 기준을 따라 사는 게 어떻게 보면 나다운 삶이죠. 그래서 스몰 스텝 리스트를 보면 그 사람에 대해 많은 것을 알 수 있다고 생각해요.

'부자'가 되려면 이렇게 해라 식으로 어떤 사람이 이룰 '결과'에 포커싱이 되어 있는 경우 자신이 생각하는 '성공'의 이미지가 무엇인지 모른채 이 방법을 따라하는 게 의미가 있을까요? 한 가지 예를 들자면 연봉이 천만 원이든 1억이든 10억이든 사람들은 대부분 자기 연봉의 두 배를 바란다는 거예요. 누구에겐 연봉 10억이 성공한 인생이겠지만 연봉 10억인 인생도 연봉 2배를 바라며 만족하지 못합니다. 이처럼 삶을 결과론 측면으로 본다면 결코 만족할 수 없을 것이고, 포기와 낙오가 발생하죠.

하지만 스몰 스텝은 '**결과론적으로 무엇을 성취했는가**' **보다 내가 잘하는 것을 시작으로 내가 좋아하는 것으로 확장해서 나의 정체성을 적극적으로 만들어가고, 창조해가는 데에 더 큰 목적이 있습니다.** 여기에는 수치도 점수도 없어요. 그렇다고 인생 성공과 담쌓고 아웃사이더로 살자는 건 아닙니다. 오히려 성공을 원한다면 정체성이 먼저라는 겁니다. 어떤 책에선 비슷한 얘기를 이렇게 하더군요. '나는 담배를 끊을 거야'라고 말하는 사람과 '비흡연자가 될 거야' 이렇게 말하는 사람은 결과가 다르다고요. 단순히 담배를 끊는 행동에 집중하는 사람과 자신의 정체성을 비흡연자로 규정하는 사람 중 누가 금연을 성공하고, 오래 유지하게 될까요?

박요철

사실 로또가 당첨된 사람들 중 절반은 오히려 더 불행해졌다고 들었어요. 어떤 햄버거 브랜드는 수요미식회에 나오라고 해도 일부러 나가지 않았다고 해요. 아직 준비가 안 되어서 그렇다나요. 그런데 정작 이 프로그램에 나온 몇몇 햄버거 브랜드는 오히려 망했다고 하더라고요. 그걸 보면서 감당할 수 없는 손님들이 어떤 식당에는 재앙이 될 수 있겠구나 생각했어요. 왜냐하면 뜨내기 손님들이 자리를 차지하면 단골들이 떨어져 나가거든요. 사람들이 단기간에 몰려들면 음식의 완성도는 떨어질 수밖에 없어요. 그러면 정작 그 음식을 좋아하던 사람들은 다 떠나가고 뜨내기들은 사진 한 번 찍고 다신 안 오거든요. 훌륭한 음식이 아닌 부 자체가 목적이 되면 이런 결과로 이어진다고 생각해요.

부자가 되고 싶은 사람들은 과연 부자가 내가 원하는 삶의 목표인가를 먼저 물어볼 수 있어야 해요. 그게 진짜 나의 욕구였는지를 알아야 한다는 거죠. 일론 머스크를 보세요. 제가 닮고 싶은 삶을 살고 있는 건 아니지만 이 사람의 목적은 선명해요. 단순히 전기차로 돈 버는 게 목적이 아니라 화성을 탐사하고 지구인을 이주시킨다는 원대한 목표를 갖고 있으니까요. 스몰 스텝을 지속하는 것도 중요해요. 하지만 더 중요한 건 이런 일상의 스몰 스텝이 내가 간절히 기대하고 바라는 삶에 도움이 되어야 한다는 거예요. 내가 만일 소통을 중요시 여기는 사람이라면 그런 소통과 관련된 스몰 스텝을 해야 한다는 거죠. 그래야 비로소 나다운 삶을 살 수 있을 테니까요.

김세엽

부자, 성공한 사람, 잘 되는 사람… 이건 참 알고 보면 모호하고 구체적이지 않아요. 그런데 스몰 스텝은 좋아하는 것들을 꾸준히 실천하고, 그걸로 그 사람의 이미지나 정체성도 구체화되게 만드는 게 아닌가, 그런 생각이 드네요.

박요철

그런 게 있는 사람의 삶은 이전의 삶과는 완전히 다를 것 같아요.

문수정

요즘은 부자가 되기 위해, 돈을 벌기 위한 도구로 퍼스널 브랜딩이 집중된 부분도 있어 조금 안타까워요. 물론 돈은 중요합니다. 돈이 없다는 것은 독립성이 상실되었다는 것을 뜻하죠. 부모님이든 은행이든 다른 것에 의존해야 하고, 무능하다는 평가를 받아요. 굴욕적인 상황에 노출되기도 하고, 생존의 위협을 받을 수 있으니 돈은 있어도 없어도 불안하고, 두려워요. 돈은 인생에 꼭 필요하지만 돈을 위해 퍼스널 브랜딩을 하다가 오히려 시간이며 돈이며 실패하는 사람을 여럿 봤어요.

하지만 어떤 누군가가 소유한 것과 상관없이 나는 나로 온전하다는 사실을 선명하게 알고 있고, 그다지 소비도 즐기지 않으며, 주어진 것에서 감사하고 있다면 상징적 의미의 월천만 원이 없어도 그 삶을 충분히 누리고, 만끽하고, 나아가 주변인까지 행복하게 할 수 있지 않을까요. 이런 삶을 산다면 그 자체로 브랜드이지 않을까요.

저는 그래서 **스몰 스텝이 일종의 퍼스널 브랜딩의 도구가 될 수 있다고 생각해요. 내가 간절히 원하고 바라는 본연의 이미지를 추구하는 일상의 삶을 살다 보면 자연스럽게**

그 자신이 브랜드가 될 수 있다고 믿거든요. 반대로 내게 어울리지 않는 리추얼이나 루틴을 추구한다고 고유한 브랜드가 될 수는 없다고 생각해요. 일시적인 성공이나 부의 축적이 있을 순 있겠지만 얼마나 유지가 될지 의문입니다. 사실 퍼스널 브랜드로 알려진 사람들의 대부분이 처음부터 브랜드가 되려고 했다기보다 꾸준한 자기발견의 과정과 노력 가운데 결국 자기만의 이미지가 구축되고, 브랜드가 될 수 있었던 게 아닐까요.

그리고 우린 부자만을 브랜드라고 인정하지는 않습니다. 최강희는 오랜 시간 연예인을 했지만 부의 축적에 있어선 실패한 사람처럼 보여요. 하지만 돈보다는 자기만의 가치를 추구하고, 그 가치로 주변에 좋은 영향을 주고 기여를 하려고 하죠. 허당처럼 보이지만 오히려 자신이 누구이고, 어떻게 살아야 하는지 누구보다 명확히 알고 있는 사람이에요. 그래서 그녀가 소유한 무언가보다 그녀 자체가 더 보이고, 그 매력에 대중들은 그녀를 사랑하잖아요.

박요철

18분으로 유명한 테드 강연 중에 가장 많은 사람들이 본 영상이 하나 있어요. 수전 서랜든이라는 사람인데, 재미있는 사실은 이 사람이 엄청나게 내향적인 사람이라는 거예요. 그런데 이 분의 할아버지가 랍비셨대요. 우리나라로 치면 목사님이나 스님과 비슷한 분이셨던 거죠. 그런데 이 분이 정말 수줍음이 많으셨대요. 그래서 성도가 찾아와도 눈을 못 마주치셨다나요. 그런데 이 분이 돌아가시고 나서 장례식 때 찾아온 사람들이 골목을 가득 메웠다고 해요. 이런 게 진정한 영향력이 아닌가 싶어요.

제가 가장 존경한 분 중 한 분이 구본형 선생님이에요. 그런데 이 분이 하신 말씀이 있어요. 자신은 적극적으로 다른 사람들을 찾아가서 돕는 유형의 사람은 아니라고 하시더라고요. 그래서 자신은 나무와 같은 사람이 되기로 하셨대요. 그늘을 만들고 열매를 맺으니까 사람들이 찾아오더라는 거죠. 안타깝게도 이 분이 일찍 돌아가셔서 올해로 벌써 10주년이 되었어요. 그런데 후배들이 자발적으로 모여서 10주년 학술제를 열더라고요. 과연 우리나라에 그런 사람이 몇이나 될까요?

또 한 사람은 제가 유심히 보는 유튜버인데 이름이 윤숙희예요. 페이스북 채널명도 그냥 윤숙희고요. 나이가 서른 중반이에 옥탑방에 혼자 살아요. 남자 친구도 없는 것 같은데 가장 큰 목표가 회사에서 쫓아내기 전까지 절대 나가지 않는다는 거예요. 그런데 회사생활도 그렇게 행복한 것처럼 보이진 않았어요. 다만 이 분이 가장 행복한 순간이 있는데 그게 바로 혼술이에요. 3, 4일에 한 번은 서울의 맛집을 찾아다니며 혼자 술을 마신다는 거예요. 그리고 이런 과정을 유튜브로 찍어서 올리죠. 차도 없어서 매번 지하철을 타고 혼술에 적합한 식당이나 가게를 찾아다니는 게 방송의 전부예요.

그런데 이 분이 정말 행복해 보인다는 거예요. 엄청나게 예쁜 분도 아니고 달변가도 아니에요. 그냥 소주를 정말 좋아할 뿐이에요. 아무리 안주를 많이 시켜도 채 5만 원을 넘기지 않을 때가 더 많아요. 그런데 놀라운 게 뭔지 아세요? 이 분 팬이 그렇게 많다는 거예요. 구독자도 20만 명이 넘고 알아보는 사람도 많아요. 앞서 말씀드렸듯이 이 분은 미인도, 부자도 아니에요. 사회적으로 성공한 것처럼 보이지도 않아요. 무슨 거창한 삶의 목표가 있는 것도 아닌 것 같아요. 그런데 일상의 어떤 기쁨들을 누릴 줄 아는 것 같아요. 그저 소주 한 병 마시는 게 전부인데 진짜 행복해 보여요.

그런데 어느 날 문득 이런 생각이 드는 거예요. 이 사람도 나름대로 성공한 삶을 살고 있는 것이 아닐까, 이 사람이야말로 나답게 사는 사람이 아닐까 하는 생각을 하게 된 거죠. 저는 이 분이 왜 행복할까 생각해봤어요. 분명 소주를 좋아하고 술을 좋아하지만 그것만은 아닌 것 같아요. 그런 사람이라면 매일 10병, 20병을 마시면서 결국엔 알코올 중독자가 되었겠죠. 이 분은 며칠에 한 번씩 소주 한 병을 비우는 게 전부예요. 중요한 건 이 분이 사실 '혼자'가 아니라는 거예요. 유튜브를 하면서 실시간으로 소통을 하면서 술을 마시니까요. 혼술은 도구일 뿐 이 분은 나름의 방법으로 '소통'을 실천하며 행복한 삶을 살고 있구나, 이런 생각이 들더라고요.

저는 이게 우리 사회의 변화를 보여주는 한 단면이라고 생각해요. 숱한 문제와 부작용들이 있었지만 어쨌든 우리 사회가 먹고 살만해진 건 사실이잖아요. 그러면서 이제 다양성의 가치들이 존중받게 된 거죠. 예전에는 대통령이나 판검사가 존경받는 시대였다면 이제는 아니에요. 고졸이면 어떤가요. 자기가 좋아하는 일도 하고, 돈도 벌고, 무엇보다 행복하게 사는 사람들이 얼마나 많은데요. 대표적인 케이스가 윤숙희 같은 유튜버, 인플루언서들이고요.

이 사람들은 자기 삶의 기준이 명확해요. 절대 내가 그 사람처럼 살고 싶다는 얘기가 아니에요. 저것도 하나의 삶의 방식이구나, 하고 인정하게 되었다는 거죠. 그 사람은 나름의 행복해지는 방법을 찾은 거고요. 자신만의 욕구를 충족시킬 방법을 찾은 거죠. 그런데 이런 사람들은 결코 남의 행복을 부러워하거나 좇아가지 않더라고요. 나답게 산다는 건 바로 이런 거라고 생각해요. 자신만의 정체성을 발견하고, 타인의 욕구가 아닌 나의 욕구를 충족하는 삶을 살아가는 거죠.

그런데 신기한 게 뭔지 아세요? 내가 잘하는 건 조금만 노력해도 쉽게 성공할 수 있어요. 반대로 내가 못하는 건 아무리 노력해도 경쟁력을 가지기 힘들어요. 저는 상대적으로 글 쓰는 게 쉬운 사람이에요. 빨리 쓸 수 있고 또 조금 더 잘 쓰는 게 어렵지 않죠. 하지만 반대로 축구는 아무리 연습해도 남들만큼 할 수 없어요. 조기 축구 멤버로도 들어가기가 어렵더라고요. 왜냐하면 저는 그런 재능을 타고나지 않았거든요. 즉 축구는 나다운 삶의 목록에 들어있지 않은 거예요.

김세엽

저는 딸이 사춘기일 때 좀 더 소통을 잘해야 할 필요성을 느껴 유튜브나 책을 찾아본 적이 있어요. 모녀 관계에 관한 영상들이 많이 올라와 있고 관련된 책도 많은데 하나같이 뭔가를 더 많이 하라고만 해요. 제가 충분히 공감할 수 없는 내용을 체크리스트처럼 더 많이 하는 건 역효과라고 느꼈고 오히려 문제를 만들기도 하더라고요. 그중 공감했던 내용은 딸에게 진심을 가지고 다정한 말과 행동을 이전보다 자주, 지속적으로 하는 거예요. 내 마음을 담는 것, 내 진심을 전하는 것이요. 지금 딸과 함께하는 이 시간은 다시 오지 않으니까요. 그런데 이렇게 조금씩 실천하는 게 더 효과를 볼 때가 많아요.

박요철

저희 아이들은 엄마를 정말 좋아해요. 제가 가장 기분 좋을 때는 기타 연습을 마치고 돌아온 아들이 밤 11시쯤 되어서 엄마랑 식탁에서 수다를 떠는 모습을 보는 거예요. 사실 우리 아들이 그렇게 소통에 능한 친구가 아니거든요. 그런데 그렇게 소통을 훈련하다 보니 자연스럽게 학원에서 친구도 사귀게 되더라고요.

문수정

전쟁의 반대말은 평화가 아니라 일상이래요. 그만큼 일상이 가장 소중하다는 의미겠죠. 그래서 현재 제게 제일 중요한 스몰 스텝은 '일상'을 챙기는 거예요. 예전엔 오늘 하루 '무엇을 처리했는가, 이루었는가'가 일상의 전부였다면 이제는 '오늘 나는 무엇을 느꼈고, 내게 어떤 하루였는가'를 되돌아보는 일상 보기가 그것이에요. 일상은 더 이상 어떤 결과를 얻기 위해 희생하는 시간이 아닙니다. 매일의 순간은 내가 나로 살아가는 가장 생생한 증거이고, 그 자체로 나를 채우는 고유한 경험이죠. 결과보다 감각에 귀 기울이고, 타인의 기준보다 내 안의 목소리를 따라간다면, 일상은 통제하거나 견뎌야 할 것이 아니라, 나를 돌보고 확장시키는 가장 깊은 자유의 시간이 될 수 있어요.

최근엔 예쁜 가죽 다이어리에 몇 줄 안 되는 일기를 쓰기 시작했어요. 어느 날은 한 페이지 빼곡하게 채우기도 하지만 어떤 날은 아무것도 남길 게 없을 때도 있어요. 업무가 너무 바빠서 무언가를 느낄 새도 없었던 하루였다는 의미라 반성과 새로운 다짐을 합니다. 1년이 지나면 내가 일상에서 무엇을 얻었고, 무엇을 주었는지, 그로 인해 내가 어떤 사람이지 어떤 색깔을 가진 나인지 조금 더 알게 될 것 같아 설렙니다.

김세엽

저는 큰 성공을 거둔 그런 사람은 아니지만 제 일도 있고, 자유 시간에 제가 좋아하는 걸 할 여유도 있는 제 삶에 만족하고 있습니다. 그리고 요즘은 만족의 그다음 단계, 앞으로 어떻게 해야 좀 더 내가 원하는 방향으로 가면서 나를 발전시킬 수 있을지 그런 생각을 많이 하게 돼요. 어느 순간부터는 더 이상 조직에서의 승진, 정해진 길, 지침이나 남들의 이야기, 정규과정 등에 흥미가 가지 않았고 내 길이 아니라는 생각이 들었어요.

그러다 얼마 전 '몰입'이라는 책이 생각나 몇 년 만에 다시 한번 푹 빠져서 이 책을 읽었는데, 내용 중 매슬로우의 욕구 5단계에 대한 이야기가 나와 다시 한번 살펴봤어요. 욕구 4단계까지는 결핍의 단계여서 일단 한 번 충족이 되면 그다음 단계로 넘어가는데, 마지막 5단계인 자아실현 욕구는 결핍이 아닌 성장 욕구여서 만족이라는 종결점이 따로 없다고 해요. 그래서 최대한도로 끌어올려 계속해서 발휘하고 싶어 하고, 자기다운 성장을 통해 남들에게도 좋은 영향을 끼치게 된다고 합니다.

저는 지금 삶에서 어쩌면 결핍의 단계를 넘어서 스스로

자아실현에 대한 고민을 하고 있는지도 모르겠어요. 자아실현은 바로 자신 안에서 길을 찾고 답을 만들어가는 과정이니 당연히 남들이 정해준 길에 흥미가 없었던 거였고, 책의 주제인 '몰입'이라는 개념이 어쩌면 내게 기회가 될 수 있겠구나라는 생각이 들었어요.

이 책을 쓴 미하이 칙센트미하이라는 분은 시카고 대 심리학과 교수였어요. 이 분이 말하는 몰입은 영어로 Flow인데, 모든 것이 물 흐르듯 자연스럽고, 자신이 완벽하게 통제하고 있다는 창조주 같은 느낌이 들 때를 미하이 교수는 Flow라고 표현을 했었던 거예요. "평소의 한계를 뛰어넘어 미치도록 행복한 나를 만나라, 다른 어떤 일에도 관심이 없을 정도로 지금 하고 있는 일에 푹 빠진 상태를 느껴라"라고 이야기하고 있어요. 그러면 그 순간 자신이 누구인지를 깨닫고 앞으로 나아가고 발전하는 방향을 찾을 수 있지 않을까라는 생각이 들었어요. 물론 이런 경험들을 항상 할 수 있는 건 아니지만 한 번이라도 경험하면 자기 안의 진짜 힘을 발견하고 그를 통해 성장해서 주변에 좀 더 좋은 영향력을 끼치고 내 방향을 찾을 수 있지 않을까 생각합니다.

몰입의 가장 큰 특징 중 하나는 자율성인데, 스스로 경험을 결정한다는 말이에요. '내가 이걸 하기로 했어'라고 결정을 한 후의 경험들은 일종의 내적 보상, 즉 자기 스스로 충만한 느낌을 가지는 보상으로 연결돼요. 그러면 자기가 추구한 질서 상태가 만들어지면서 몰입으로 들어갈 수 있는 기본 조건이 완성되죠.

자발적으로 내가 좋아하는 일들을 하기로 하면 인간은 자기 자신 안의 숨어 있던 욕구를 스스로 표현할 수 있게 되고, 의식의 질서 상태인 루틴과 피드백이 이어지면서 전체적인 주인의식이 형성돼요. 책을 읽다 보니 자연스럽게 자율성, 질서, 심리적인 주인의식 등 이 모든 게 스몰 스텝의 특성과 너무나 비슷하다는 걸 알고 놀랐어요.

미하이 교수 말로는, 한 사람의 삶에서 몰입의 경험이 많아지면 의식이 점점 통합되고 마침내는 한 사람의 삶 전체가 통합되는 그런 경험을 한다고 해요. 자율성을 통해 내적 질서가 부여되고, 그런 삶은 그 자체로 이미 즐겁고 행복한 인생이 되는 거고요.

엔트로피, 사물이 언젠가 해체되고 사라지게 되어 있는 건 자연법칙이에요. 사람 역시 태어나서 죽는 것처럼 정신적인 질서도 가만히 내버려두면 이와 똑같은 분열의 과정으로 들어선다고 해요. 그런데 스몰 스텝과 몰입처럼 자율성이 전제된 질서와 에너지를 투입하면, 그 자체로 통합되어 질서와 조화를 만드는 힘인 네겐트로피로 바뀔 수 있어요.

저는 아침에 출근만 안 한다면 행복할 줄 알았는데, 휴직 시기, 자유 시간에 너무 자유롭게 지내다 보니 아무것도 한 게 없다는 생각에 허무하기만 하더라고요. 엔트로피로 흩어질 뻔한 그 시기에 스몰 스텝으로 조금씩 내적으로 자기만의 질서를 회복하고 충만해질 수 있었어요. 그래서 지금은 내 일생 동안 이런 충만함을 실천해야겠다는 생각이 들어요.

스몰 스텝이라는 다리를 통해 모두가 이런 자아실현에 좀 더 다가갈 수 있지 않을까요? 이렇게 몰입에 대해서 다시 한번 정리하다 보니 나의 삶의 다음 단계를 위해, 자아실현을 위해 스몰 스텝을 잘 활용해야겠다는 생각이 듭니다.

문수정

저는 일종의 과잉 성취자의 삶을 살고 있었어요. '나의 업은 뭘까, 내가 어떤 영향력으로 살아갈까' 이런 사명감이 아닌 진짜 먹고사는 문제를 해결하기 위해 더 많은 성취가 기준이 되어 치열하고 고통스럽게 살았어요. 남편의 사업이 안 풀리고, 저 또한 직장을 구하기가 힘들었던 때가 있었어요. 프리랜서로 일할 때 부르면 언제든지 나가려고 집에 있을 때에도 정장을 입고 앉아 있곤 했지요.

결혼 후에 대출로 산 부동산이 폭락하면서 굉장한 빚을 떠안게 됐고, 그 빚을 갚기 위해서만 살았어요. 물론 지금은 빚이 없지만 10년 이상 오직 빚을 갚는다는 것에만 몰두해서 살았던 것 같아요. 그렇게 '성공 리추얼'을 일삼으며, 앞만 보고 달리다가 일종의 부작용인 번아웃을 경험한 것이죠. 그런 경험을 하다 보니 문득 이런 생각이 들더라고요. 내가 왜 이렇게 막무가내로 열심히 살고 있지? 뭘 위해서 이렇게 살고 있는 걸까? 마흔을 넘기면서 느지막이 이런 질문이 떠오르더라고요.

물론 빚 때문에 죽자 살자 열심히 산 것은 맞아요. 하지만 이런 삶이 궁극적으로 나를 위한 삶이 되지는 않았어요. **삶의 모든 초점이 빚 갚기에 맞춰지면서 나의 꿈이나 가치관은 희미해지고, 만성 스트레스, 인간관계 단절, 가족간의 불화, 건강 악화 등과 완전히 맞바꾸는 삶이 되었어요.** 무언가를 이룬 후에야 행복해질 수 있다는 생각에 사로잡히면, 현재를 살아가는 기쁨을 잃게 되더라구요. 삶을 단순한 생존의 과정으로 만들고, 의미 없는 일상으로 전락시켰죠.

빚을 갚은 후에도 새로운 목표나 압박을 찾는 저를 보며, 영원히 쫓기는 삶의 패턴을 살겠구나 싶었어요. '건강을 희생하며 돈을 벌고, 그 돈을 다시 건강을 회복하는데 쓴다. 미래를 걱정하느라 현재를 놓치며, 결국 현재와 미래 모두를 살지 못한다'고 했던 달라이 라마의 말이 딱 저의 모습을 놓고 한 말이었죠. 경제적 책임을 다하는 것이 중요하지만, 그런 것들이 삶의 전부가 되어서는 안됩니다.

저는 회사 대표가 된 후에 가장 싫었던 게 무슨 무슨 조

찬 모임 같은 거였어요. 사실 영업을 하려면 이런 모임에 나가는 건 당연하다고 생각했거든요. 하지만 제겐 그렇게 고역일 수 없었어요. 흰 장갑을 끼고, 명함을 돌리고, 내가 누구인지를 소개하고, 파이팅을 외치는 모임이었는데 정말로 억지로 했어요. 그런데 이제는 그런 모임이나 사람들을 과감하게 놓을 수 있게 됐어요. 두세 시간씩 충분히 걷고 먹고 싶은 것들을 먹는 데 시간을 쓰기 시작했고요. 그전에는 이런 시간을 너무 아까워했고 할애하지 못했지만 이제는 얼마나 소중하고, 의미가 있는지 알게되었어요. 관점을 바꿀 수 있게 된 거죠. 스몰 스텝이 제게 준 가장 유익이라고 생각해요.

김세엽

독일 어딘가를 방문했을 때 함께 갔던 기자분 말이 인상적이었어요. 이곳은 사람들을 중간중간 쉴 수 있게 만드는 시스템을 국가가 구축해놓은 것 같다고요. 반면 우리나라는 뭐든지 끝까지 몰아치는 경우가 많잖아요. 운전기사들은 잠을 잘 수 없어서 사고를 내고, 심지어 빵 공장에서도 과도하게 일을 하다가 사고가 났었잖아요. 국가가 사람들을 쉴 수 있도록, 정상적인 사고가 기능할 수 있도록 시스템을 도입하면 좋겠다는 생각이 들어요. 무조건 열심히 사는 삶이 아닌 자발적으로 사고하고 행동하는 삶으로 이끌 수 있으면 좋겠어요.

4부. 박요철의 이야기

스몰 스텝의 역설 I

아들의 네 번째 대학 입시 도전이 모두 실패로 돌아갔다. 더 정확히 말하자면, 네 번째 수시 도전에서 얻은 결과는 예비 2번이 전부였다. 그날 아내는 일을 하다가 아들이 걱정되어 현관문을 열고 들어왔다. 나는 그즈음 스몰 스텝 두 번째 책의 원고를 정리하고 있었다. 아내가 급히 집으로 돌아오는 모습을 보며 아들의 실패를 직감했다. 그리고 어느 순간 맥이 탁 풀리는 느낌을 받았다. 나는 과연 이 책을 끝까지 마무리할 수 있을까?

지난 4년, 기타를 처음 배우던 시절로 돌아가면 최소한 10년 이상 꾸준히 애정을 가지고 노력해온 아들이었다. 그런 아들에게 내가 스몰 스텝의 힘을 자신 있게 전할 수 있을까? 아들의 소식을 가장 먼저 전한 이는 30년 된 교회 친구였다. 늘 조용하면서도 누구도 따라올 수 없는 성실함을 가진 친구였다. 그는 20년간 직장생활을 하며 단 한 번도 지각하지 않았다고 했다. 그런 이유 때문인지, 지금 그는 매출 1조 원을 넘는 회사의 상무이사로 일하고 있다. 회사에서는 그랜저가 나오고, 연봉은 1억 원을 훌쩍 넘는다.

하지만 이 친구는 몇 년째 암 투병 중이다. 서너 달에 한 번씩 병원에 가서 생명을 연장하는 통보를 받는다. 친구는 그때마다 절망에 몸서리치면서도 내색하지 않았다. 나는 생각했다. 이 친구만큼 스몰 스텝으로 살아온 사람이 또 있을까? 그런데 왜 신은 이 성실함의 대가로 그에게 이런 병을 허락한 것일까?

스몰 스텝의 회의와 도전

아들의 뒷바라지를 위해 아내는 1년 전부터 일을 시작했다. 감당하기 어려운 학원비를 조금이라도 보태기 위해서였다. 그러다 보니 집안 살림은 엉망이 되기 시작했다. 나 역시 깔끔한 성격이 아니었고, 게다가 3마리나 되는 고양이와 함께 사는 집은 하루만 치우지 않아도 엔트로피의 법칙을 따르기 시작했다. 무질서가 사흘만 지속돼도 감당하기 힘든 결과가 벌어졌다. 설거지가 쌓인 싱크대에 파리가 날아다니고, 부엌 구석에 거미줄이 보이기도 했다. 나는 기겁했다.

스몰 스텝은 잘되는 곳에서도 작동하지만, 그렇지 않은 곳에서도 작동한다. 나는 두 번째 스몰 스텝에 관한 책을 쓰는 동안 이런 불신과 끊임없이 맞닥뜨려야 했다.

그럼에도 불구하고 나는 스몰 스텝의 두 번째 이야기를 전하려 한다. 우리의 삶은 계속되어야 하기 때문이다. 그러던 어느 날, 두 사람의 스몰 스텝 동료를 만났다. 그리고 깨달았다. 스몰 스텝은 홀로 계속할 수 있는 것이 아니라는 사실을. 내가 지쳐 있을 때 그들은 스몰 스텝을 통해 스스로의 삶을 조용히 변화시키고 있었다. 내가 스몰 스텝에 대해 회의를 품고 있을 때, 그들은 자신들의 작은 성공담을 들려주었다. 그래서 나는 생각했다. 그럼에도 불구하고 스몰 스텝은 계속되어야 한다고.

그럼에도 불구하고, 계속되는 여정

이 책은 그런 엇갈림의 이야기를 담았다. 아들은 지난 10여 년의 도전을 지치지 않고 이어갈 수 있을까? 내 친구는 10여 년의 투병 생활에도 지치지 않고 삶의 의지를 붙잡으며 내 곁에 있어줄 수 있을까? 그리고 나는 이런 스몰 스텝의 역설을 끌어안고 두 번째 책을 완성할 수 있을까? 이 글은 바로 그런 실패와 회의, 그리고 '그럼에도 불구하고' 스몰 스텝을 계속해야만 하는 이유에 관한 이야기다.

스몰 스텝의 역설 II

　30년 된 친구가 하나 있었다. 누구에게도 자신 있게 '베프'라고 말할 수 있는 친구였다. 항상 내가 가장 힘들 때 곁에 있어 주던 친구였다. 대학 시절, 그 친구의 방에서 밤새 이야기를 나누며 불확실한 미래에 대한 불안을 달래곤 했다. 나이가 들어서는 운동을 좋아하는 친구를 따라 달리기, 자전거, 골프 등을 배우기도 했다. 그런 친구에게 나는 아낌없이 내가 가진 것들을 선물하곤 했다. 친구의 딸에게는 아이패드를, 친구의 아들에게는 시계를, 친구의 아내에게는 중고 스마트폰을 선물했다. 그리고 친구에게는 종종 비싼 소고기를 대접했다. 무엇을 주어도 아깝지 않은 친구였기 때문이다.

우정에 금이 가다

그러나 어느 날, 그 친구와의 30년 우정에 종지부를 찍는 일이 벌어졌다. 사건의 발단은 내가 선물한 스마트폰 때문이었다. 친구는 사진을 찍어 단톡방에 올리기를 좋아했다. 하지만 오래된 스마트폰 탓에 화질이 좋지 않았다. 나는 고민 끝에 최근에 구매한 내 스마트폰을 친구에게 선물했다. 친구가 좋아하는 케이스까지 함께 준비하며 "이 핸드폰으로 우리 추억을 멋지게 담아달라"는 당부도 전했다. 그런데 이상하게도 친구가 그 핸드폰을 사용하는 모습은 보이지 않았다. 두어 주가 지난 후에야 친구는 그 핸드폰을 아내에게 주었다고 했다. 그날 밤, 나는 친구에게 말했다.

"이건 아닌 것 같아. 이번엔 네가 실수한 것 같다."

진심이었다. 실망도 컸다. 이미 한 번 비슷한 일을 겪은 터라 충격은 더 컸다. 예전에 선물한 스마트폰도 친구는 큰 고민 없이 아내에게 주었기 때문이다. 이번에도 같은 일이 반복되자, 나는 친구에게 그 핸드폰을 돌려달라고 요청했다. 친구는 긴 말 없이 "그러자"고만 했다. 그날 이후 친구의 태도가 달라졌다. 친구는 일주일 내내 화가 난 듯 스크린 골프장에서 골프채를 휘두르는 사진을 올리기 시작했다. 바다 수영을 하고 와서는 스트레스가 풀린다고 했다. 심지어 내가 가장 싫어하는 정치적 이슈를 단톡방에 올리기도 했다.

내가 더 힘들었던 것은, 그 시기에 나와 내 가족이 겪고 있던 고민과 어려움을 친구가 전혀 궁금해하지 않았다는 점이었다. 아내가 머리가 아파 병원 검사를 받았고, 아들은 네 번째 입시를 앞두고 있었다. 그러나 친구는 이런 일들에 대해 아무런 관심을 보이지 않았다. 결국, 나는 친구에게 서운함을 토로했다. 그러자 친구는 말했다.

"네가 내 아내에게 핸드폰을 돌려달라고 했을 때, 내 마음은 헤아리지 않았잖아. 그건 선을 넘는 일이었어. 왜 그렇게 바라는 게 많아?"

그 말을 듣는 순간, 마음 한쪽이 끊어지는 듯한 기분이 들었다. 나는 그날 밤 소주 두 병을 마시고 단톡방을 나왔다. 시간이 흐르면서 내가 한 행동이 과했을지도 모른다는 생각이 들었다. 굳이 한 번 준 선물을 돌려받아야 했을까? 단톡방을 나올 필요가 있었을까? 그러나 우정을 되돌아보며 떠오르는 섭섭함들은 점점 더 나를 괴롭혔다. 그 친구는 장인어른의 장례식에 오지 않았다. 내가 부산까지 찾아갔을 때도 피곤하다는 이유로 나오지 않았다. 이런 기억들이 하나둘 떠오르며, 마음속에서 우정이 무너져 내리는 상상을 멈출 수 없었다.

관계의 스몰 스텝

다산 정약용은 나이가 들수록 친구가 하나둘 떠나가는

것이 당연하다고 말했다. 삶의 가치관이 달라지기 때문이라고 했다. 하지만 나는 관계의 스몰 스텝이 굳건하다고 믿었다. 그 친구와 함께 여행을 가기 위해 4년간 공동 명의 통장에 곗돈을 부어왔다. 그런데 지금, 이 모든 것이 부질없는 일이 되어버렸다. 세월이 흐를수록 차곡차곡 쌓아왔던 관계가 하나둘씩 허물어지는 경험을 한다. 이것은 스몰 스텝의 반대 결과일지도 모른다. 그럼에도 불구하고 나는 스몰 스텝이 우리의 삶을 풍요롭게 만든다고 자신 있게 말할 수 있을까? 그럼에도 나는 지난 10년간 쌓아온 관계의 스몰 스텝을 계속 이어갈 수 있을까?

내 인생의 불청객, 공황발작

그날은 회사 사람과 저녁을 먹는 날이었다. 이상하게도 먹은 것도 없는데 배가 부른 느낌이 들었다. 문제는 그 느낌이 점점 위로 차오르고 있다는 것이었다. 마치 물속에 빠져 내 몸이 잠기는 듯한 느낌이었다. 상황의 심각성을 깨달은 나는 서둘러 동료와의 대화를 마치고 지하철에 몸을 실었다. 그때부터 나는 점점 다가오는 죽음의 공포를 느꼈다. 동공은 커지고, 얼굴은 하얗게 질린 내 모습이 지하철 유리

창에 비쳤다.

집으로 가는 지하철을 포기하고 강변역 어딘가의 계단을 올라 가까운 병원을 찾기로 했다. 급하게 택시를 잡아타고 인근 경찰 병원으로 향했지만, 어렵사리 도착한 응급실에서는 해줄 수 있는 것이 없다고 했다. 그런데 20~30분쯤 지나자 목젖까지 차오르던 과호흡이 조금씩 옅어지기 시작했다. 한 시간 후, 나는 허탈한 기분으로 집으로 가는 버스에 몸을 실었다.

암이 교통사고와 비슷한 이유

공황발작은 공황장애 환자들이 자주 겪는 증상이다. 나는 지금까지 대여섯 번의 발작을 경험했다. 강연 중에도, 영화 관람 중에도, 간만에 만난 친구와 수다를 나누던 중에도 발작은 예고 없이 찾아왔다. 그때부터 나는 병원에서 처방받은 약을 항상 들고 다니기 시작했다. 언제 어디서나 약을 꺼내 먹을 수 있어야 했기에 핸드폰에 키링처럼 약을 매달고 다니거나, 평소 선호하지 않던 지갑형 핸드폰 케이스에 약을 넣어 다녔다.

그러던 어느 날이었다. 거의 1년 만에 발작이 찾아왔다. 그런데 늘 들고 다니던 케이스에는 단 하나의 알약만 남아 있었다. 그 사실이 불안을 더 키웠고, 결국 그날도 죽음의 문턱을 오가는 첩보 작전을 방불케 하는 상황이 벌어졌다.

나는 종종 생각한다. 왜 이런 증상이 반복되는 것일까? 이유를 찾으려 노력했지만 뚜렷한 답은 없었다. 결국 나는 꾸준히 약을 복용하고, 위기 상황에 쓸 약을 충분히 챙기는 방법으로 일상을 이어갔다. 스트레스를 덜 받는 환경에서 일하고 생활하기 위해 운동이나 취미를 찾아보기도 했다. 그러나 이런 노력들이 도움이 되기는 해도 예기치 않게 찾아오는 위기를 완전히 예방할 길은 없었다.

그러던 어느 날 수업 중에 만난 암 환자 한 분이 있었다. 그분은 "암은 교통사고와 같다"며, 미리 예방하는 데에도 한계가 있다고 말했다. 아무리 정기 검진을 하고 운동하며 건강한 생활 습관을 유지해도 암을 피하기는 쉽지 않았다고 했다. 그런데 그 말이 이상하게도 내게 큰 위로가 되었다.

예고 없는 위기들, 그럼에도 불구하고

스몰 스텝은 만병통치약이 아니다. 나는 지금까지 수많은 작은 습관을 실천하며 위로와 용기를 얻었고, 삶의 전환점을 경험했다. 그런 확신을 바탕으로 여러 강연과 모임을 이어왔다. 하지만 스몰 스텝을 아무리 실천해도 내 삶의 위기는 예고 없이 찾아오곤 했다. 그러나 어느 순간부터는 그런 위기에 매몰되지 않는 것이 지혜라는 사실을 깨달았다. 마치 예고 없이 찾아오는 공황발작처럼, 건강, 일, 인간관계 등 안 좋은 일은 불시에 찾아온다. 꾸준함이 모든 문제의 해결사가 되는 것은 아니다. 그럼에도 불구하고 나는 스몰 스텝을 멈출 생각이 없다. 내 삶의 유한함을 아는 것이 매일 내가 하는 작은 실천들의 동력이 됨을 알기 때문이다.

P.S. 알고 보니, 앞서 만난 암 환자 분은 스몰 스텝의 독자이자 팬이었으며, 자신만의 작은 실천을 현재 진행형으로 이어가고 계신 분이었다.

하마터면 열심히 달릴 뻔했다

어제도 6km를 50분에 뛰었다. 1km를 7분 40초 대에 달렸으니 정말 천천히 뛴 셈이다. 이렇게 달리면 크게 숨이 가쁘지도 않고 생각만큼 힘들지도 않다. 가끔씩 공원 저수지의 풍경을 돌아볼 여유도 생긴다. 그렇게 천천히 달리며 운동을 권한 친구가 있는 카톡방에 기록을 남기곤 한다. 여러 가지 조언을 받으면서, 친구 말대로라면 당근과 채찍을 동시에 얻을 수 있기 때문이다. 지난 석 달 동안 나는 그렇게 행복하게 달렸다. 그런데 한 가지 문제가 생겼다.

달리기의 즐거움은 어디에서 오는가

친구가 운동을 독려하는 사람들 중에는 친구의 아내도 있었다. 함께 단톡방에서 수다를 떠는 친구들도 있었다. 그런데 이들이 운동 독려 명단에 합류하면서 작은 문제가 생겼다. 친구가 수시로 그들과 나를 비교하기 시작한 것이다. 참고로 친구의 아내는 나보다 늦게 시작했음에도 10km를 가뿐히 완주했다. 그 이후로 친구는 매번 그들과 나를 비교하기 시작했다. 나의 운동을 독려하려는 의도였겠지만, 어느 순간 나는 내 기록을 공유하지 않게 되어버렸다. 아, 나는 왜 이렇게 속 좁은 사람처럼 행동하게 된 걸까?

사실 달리기의 즐거움은 비교에서 오는 것이 아니었다. 나는 달리는 내내 여러 명의 러너들로부터 추월을 당한다. 그래도 기분 나쁘지 않은 이유는 그들이 나의 경쟁 상대가 아니기 때문이다. 하지만 나보다 늦게 시작한 친구의 페이스가 1분이나 빠르다는 사실을 매번 상기시킬 때면 달리고 싶은 마음이 뚝 떨어지곤 했다. 친구의 의도가 꼭 나쁜 것만은 아니란 것을 알지만, 듣는 나는 기분이 나쁜 걸 어쩌겠는가. 나는 평생 나의 속도로 오래 달리고 싶을 뿐이다. 전문가들에 의하면 매일 40분 정도 달리는 것이 건강에 가장 좋다고 한다. 그 정도에 만족하는 나를 왜 친구는 이해하지 못하는 것일까? 30만 부가 팔려 개정판까지 나온 책이 있다. 바로 '하마터면 열심히 살 뻔했다'라는 책이다. 이 책에서는 이렇게 말한다.

"남들과 발을 맞추지 않으니 비교하지 않게 되고, 내 삶이 그렇게 나쁘지 않다는 걸 깨닫게 되었다. 내 삶은 소소한 즐거움으로 가득했다. 그때의 즐거움이 나를 움직이게 했다. 기꺼이 목표와 정해진 길을 벗어나 다른 길을 가게 만들었다. 그 움직임의 결과물이 바로 이 책이다."

내 멋대로 달리기로 한 이유

다시 한번 생각해본다. 내가 왜 굳이 7분 대가 아닌 6

분 대로 뛰어야 할까? 왜 10km를 완주해야 할까? 왜 1시간 10분 대에 10km를 달려야만 할까? 좀 더 빨리 뛰면 더 건강해지는 것일까? 그러나 나는 친구에게 이런 이야기를 할 생각이 없다. 툭하면 하루에 20km를 뛰고, 헬스장에서 시간이 다 될 때까지 운동하고, 골프를 하면 손바닥이 까일 정도로 수백 번 공을 치는 친구에게 "하마터면 열심히 운동할 뻔했다"고 말하면 얼마나 허탈해할까?

한 번은 친구에게 "내 스타일대로 달리겠다"고 했더니, 친구는 단호하게 말했다. "아직 스타일을 말할 실력이 아니다." 사실 어느 분야든 전문적인 수준이 있는 건 맞고, 친구가 그렇게 말한 것도 이해 못 할 바는 아니다. 이제 막 글쓰기를 배운 친구가 "나는 이제 내 스타일대로 쓰겠다"고 하면 나도 어이없어할 것이다. 하지만 그렇다고 친구의 지도에 따라 10km를 뛰고 하프 마라톤에 나가야 하는지는 아직도 잘 모르겠다. 나는 해질녘 율동공원에 나가 40분 동안 5km를 뛰는 것으로도 충분히 만족하기 때문이다.

"어떻게 사는 것이 맞는지는 나도 모른다. 정답도 없다. 그저 많은 사람이 주변에 깔린 운을 놓치지 않고 지금을 즐기며 살았으면 하는 바람이다. 적어도 나는 운 좋은 사람으로 살기를 '선택'했다. 그리고 이 책을 읽을 독자들의 삶이 행운으로 가득하길 바란다." 나는 위에 소개한 책의 저자가 한 이 말을 곱씹어본다. 인생에 정답이 어디 있겠는가. 운동도, 글쓰기도, 삶도 마찬가지라고 생각한다. 그러나 우리는 선택해야 한다. 내가 맞는 운동을, 내게 맞는 글쓰기를, 내게 맞는 삶을. 그리고 그 선택에 책임을 지는 것, 그것이 우리에게 주어진 삶을 살아가는 올바른 태도가 아닐까.

우울해질 때는 청소를 한다

나는 조금 우울해질 때면 청소를 한다. 어제도 글쓰기 수업을 가기 전 3시간 동안 집안 곳곳을 쓸고 닦았다. 고양이가 토한 자국을 치우고, 모래를 갈아주고, 소파 뒤에는 새 패드를 깔아 주었다. 설거지를 하고, 종이와 비닐과 플라스틱을 종류대로 정리해 집 밖으로 내놓았다. 화장실의 머리카락을 치우고 새로 산 돌돌이(고양이 털 제거 도구)를 비치해 두었다. 고장 난 체중계와 쓸모없는 짐들은 다용도

실 구석으로 치워버렸다. 그리고 한결 가벼워진 마음으로 글쓰기 수업에 갈 수 있었다.

좋은 글은 좋은 삶에서 온다

나는 남들보다 쉽게 우울해지는 사람이다. 누군가에게 조금만 야단을 맞아도 쉽게 주눅이 든다. 내가 그토록 자기다운 삶을 연구하고 고민하고 실천한 것도 그런 삶을 살기엔 다소 취약한 기질과 성향을 가지고 있어서인지도 모른다. 최근에도 클라이언트의 냉정한 평가를 받고 일주일 내내 우울했다. 이럴 때는 끝없이 고쳐 쓰고 다시 쓰고 재평가를 받는 것 외엔 뾰족한 수가 없다. 다만 이런 상황에서 나는 청소를 하고, 글을 쓰고, 공원으로 나가 달리곤 한다. 흔히들 '멘탈 관리'라고 부르는 것들이다. 그리고 나는 이런 노력이 결국은 삶의 의욕을 관리하려는 본능적인 몸부림이라고 생각하곤 한다.

어제 글쓰기 수업 시간에 이런 질문을 했다. "좋은 글은 좋은 삶에서 나온다고 합니다. 그렇다면 좋은 삶이란 어떤 삶일까요?" 여러 대답이 나왔지만 내가 생각하는 좋은 삶이란 '의욕이 넘치는 삶'이다. 사람은 뭔가를 하고 싶어지는 마음이 들 때 가장 행복해진다. 누군가를 좋아할 때 우리는 가장 의욕적인 사람이 된다. 그 사람이 무슨 음식을 좋아하는지, 어떤 취미를 가지고 있는지, 어떤 장소에 가고 싶어 하는지 알기 위해 혈안이 되는 그 모습. 누군가를 알기 위한 의욕으로 가득 찬 그 사람의 눈빛과 행동을 상상해보라. 그 얼마나 에너제틱하고 아름다운가.

노안은 나이가 들면 찾아오지만, 노인은 단지 나이가 많아졌다고 해서 되는 것은 아니다. 나이가 많아도 삶의 의욕으로 가득한 사람은 여전히 젊은 삶을 살고 있는 것이다. 반면, 나이가 젊어도 삶의 의욕이 없다면 그것은 결코 젊음이라고 부를 수 없다. 어떤 사람은 회사 출근이 싫어서 이른 아침 세면대 앞에 설 때마다 우울해지는 반면, 같은 시간 누군가는 출근 후 무슨 일부터 해야 할지 즐거운 고민을 한다. 과연 누가 회사에서 더 좋은 성과를 거둘까? 물론 일이란 건 힘든 법이다. 그러나 좋은 삶을 살아가는 사람은 자신의 일에서 더 자주 의욕을 느끼는 사람이라고 감히 말하고 싶다.

그렇다면 삶의 의욕은 어디에서 오는 것일까? 나는 설거지를 하며 유시민 씨가 소개한 책 '총, 균, 쇠'에 대한 유튜브 영상을 들었다. 영상에서는 유럽에서 세상을 바꾼 문화가 꽃피운 이유가 '운'이라는 점을 강조하고 있었다. 이 책이 나오기 전까지 많은 유럽인은 자신들의 유전자가 우월하기 때문에 문명을 이룩할 수 있었다고 믿었다. 그러나 저자 제러드 다이아몬드는 환경이 가장 중요하며, 유럽이 아닌 아프리카나 아시아 사람들이 그 환경에 있었다면 똑같은 결과를 이루었을 것이라 말한다.

당신에게 드라이빙 포스가 함께 하기를

이 논리를 개인에게도 적용할 수 있지 않을까? 나는 이전 회사에서 전형적인 루저의 삶을 살았다. 내가 쓴 글도, 내가 한 일도 인정받지 못했다. 그러나 회사의 페이스북을 운영하며 내게 어려운 이론을 쉽게 글로 풀어 설명하는 능력이 있다는 사실을 알게 되었다. 결국 회사를 나와 7년째 브랜드와 글쓰기에 관한 '쉬운' 글을 쓰며 밥벌이도 하고 나름대로 인정받는 삶을 살고 있다. 환경이 바뀌니 나를 향한 시선과 대우도 달라졌다.

삶의 의욕을 다시 찾고 싶다면 자신의 노력을 탓하기보다 일하는 환경을 바꿔보자. 나와 맞는 생태학적 최적의 장소가 따로 있을 수 있다. 물론 내가 노력하지 않으면 환경을 바꿔도 좋은 결과는 얻을 수 없다. 그러나 최선을 다하고 있다면 회사를 바꿔보고, 때로는 혼자 일하는 도전을 해볼 필요도 있다. 좋은 환경은 의욕을 불러일으키는 곳이다. 칭찬하고 격려하며, 건설적인 비평을 해주는 사람들이 있는 곳이다.

그래서 나는 우울해질 때면 청소를 한다. 내 마음속 우울의 찌꺼기와 쓰레기를 쓸어내기 위해 설거지를 한다. 힘든 노동 끝에 말끔해진 집안을 바라보면 그렇게 흐뭇할 수가 없다. 그리고 그때쯤이면 뭔가를 하고 싶다는 의욕이 생겨나곤 한다. 글을 쓰고, 새로운 글쓰기 과정을 만들고, 브랜드 교육 과정을 개설하고, 밀린 보고서를 쓰고 싶은 마음이 스멀스멀 올라온다. 그런 의욕이 차오를 때면 늘 가던 카페에 가서 늘 마시던 아이스 아메리카노를 시키고 새로운 마음으로 일을 시작한다. 그렇게 몰입하면 서너 시간이 훌쩍 흐르곤 한다. 그렇게 일을 마무리한 뒤 바라보는 카페 밖 풍경이 얼마나 아름다운지.

그러니 우울할 때는 청소를 하자. 부디 당신의 삶에 포스가 함께하기를. May the (driving) force be with you.

달리면 알게 되는 몇 가지 것들

약 100일간 달리기를 하다 보니 새롭게 알게 된 것들이 있다. 그중 하나는 잘 달리기 위해서는 '나의 속도'를 알아야 한다는 점이다. 보통 달리기 속도는 1km를 몇 분 만에 뛰는가로 측정하며, 이를 '페이스'라고 한다. 나는 8분 대의 페이스로 뛰면 5km를 크게 힘들지 않게 완주할 수 있다. 7분 대로 뛰려면 조금 더 빠르게 달려야 하고, 이때의 케이던스(1분 동안 발이 땅에 닿는 횟수)는 약 180이다. 반면 9

분 대로 뛰면 여유롭게 1시간 넘게 10km를 달릴 수 있다. 정리하자면, 7분 대는 조금 힘들게 5km를, 8분 대는 편안하게 5km를, 9분 대는 여유롭게 10km를 달릴 수 있는 속도다.

내일 아침이 기다려지는 삶을 꿈꾸며

많은 사람들이 '나다운 삶'을 살고 싶다고 말한다. 나도 오랫동안 이 주제에 천착해왔지만, 나답게 산다는 것은 생각만큼 쉬운 일이 아니다. 무엇보다 '나'에 대해 잘 알아야 한다. 그러나 우리나라 교육은 이런 앎에 무심하다. 그렇다면 나를 안다는 것은 무엇일까? 나는 철학이나 가치관처럼 거창한 이야기를 하려는 것이 아니다. 가장 중요한 것은 내가 좋아하고 싫어하는 것에서 시작해야 한다. 그런데 이것은 '경험'하지 않으면 알 수 없다. 우리 교육이 아쉬운 이유는 시험에 나오는 것만 가르친다는 점이다. 하지만 앎의 세계는 훨씬 넓고 광활하다.

며칠 전, 나는 한 와인 모임에 다녀왔다. 그날은 화이트

와인만 여섯 종류를 마셨다. 프랑스산 와인의 지리적 배경과 역사를 배우며, 프랑스 지도가 사실상 와인 지도라는 사실을 알게 되었다. 상파뉴(샴페인), 꼬냑, 보르도… 그제야 왜 프랑스산 와인이 그렇게 유명한지 이해하게 됐다. 수도원 신부들이 와인을 만들었다는 이야기, 포도 농사가 망해서 만들어진 꼬냑, 전쟁으로 인해 먼 길을 돌아 수입했던 포르트 와인의 역사를 배우며 와인의 맛이 달라졌다. 직접 맛보지 않고는 소비뇽의 과일 향을 남들에게 설명할 수 없을 것이다.

세상은 교과서나 수능시험이 가둬놓은 앎의 세계보다 훨씬 넓다. 그리고 그 앎은 우리를 '설레게' 한다. 나는 세상에서 가장 행복한 사람이란 내일 아침이 기다려지는 사람이라고 생각한다. 그리고 그 기다림은 나와 세상을 알아가는 데서 온다고 믿는다. 나를 안다는 것은 결국 '세상 속의 나'를 알아간다는 뜻이다. 가장 나다운 삶은 결국 타인과의 관계 속에서 만들어진다. 타인과 갈등하고 화해하며 공존하는 과정을 통해 나다운 삶을 지켜가기 위해서는 나와 세상을 모두 알아야 한다. 앎은 세상에 나를 던져 부딪히고 경험하는 과정에서 완성된다.

좀 더 쉽게 말해보자. 나다운 삶이란 내가 좋아하는 것과 싫어하는 것을 아는 것이다. 그런데 이는 경험하지 않으면 알 수 없다. 내가 와인을 좋아할지 싫어할지 책으로 배울 수 없다. 직접 마셔봐야 한다. 내가 경험한 달리기, 강연, 글쓰기, 브랜딩도 마찬가지였다. 그리고 이 과정에서 삶의 지혜를 조금씩 얻게 된다. 앞서 말한 달리기를 떠올려보자. 10km를 직접 달려보지 않으면 나에게 맞는 속도를 알 수 없다. 나의 속도를 알지 못하면 남과 경쟁하며 무리하게 달리기 쉽고, 이는 부상의 원인이 된다. 그러나 나의 속도를 알면 무리하지 않고 행복하게 오래 달릴 수 있다.

진짜 나를 아는 사람은 행복하다

달리기는 나의 속도뿐만 아니라 세상에 대해서도 눈을 뜨게 한다. 얼마나 많은 사람들이 달리기를 좋아하는지, 마라톤에 참여하고 함께 달리는 법을 배우며, 때로는 경쟁을 통해 타인의 평범함과 탁월함을 인정하게 된다. 나는

10km를 한 시간에 달리는 친구를 부러워하지 않는다. 경쟁하지 않는다. 그에게 달리기의 능력이 있는 것처럼, 내게는 글쓰기 능력이 있다는 사실을 알기 때문이다. 나를 아는 지혜는 나의 한계를 이해하는 것이며, 이를 통해 무분별한 경쟁을 멈추고 타인을 인정하며 포용할 수 있는 데까지 나아가게 한다. 이것이 바로 '나다운 삶'이 아닐까.

진짜 나를 아는 사람은 행복하다. 오늘 밤 잠자리에 들며 소풍을 기다리듯, 아끼는 드라마의 다음 화를 기다리듯 설렘을 안고 잠들 수 있다. 그런 삶이 불가능하다고 단정 짓지 말자. 술 한 잔을 기울이며 '다들 그렇게 산다'고 쉽게 말하지 말자. 당신은 더 좋아하는 일을 하며, 더 쉽게 돈을 벌며, 더 많은 사랑을 받을 수 있는 삶을 살 수 있다. 그런 사람을 우리는 '브랜드'가 되었다고 말한다. 모든 사람에게 어울리는 일터, 삶의 가치관, 협업할 사람들이 있다. 그것을 찾아가는 과정이 쉬운 일은 아니지만, 나다운 삶을 사는 사람들은 이런 삶을 살아가고 있다. 그들은 자신이 누구인지 알고, 타인과 공존할 줄 알며, 내일을 설렘으로 기다리는 사람들이다.

나는 5km를 37분에 뛰는 사람이다. 7분 초반대의 페이스다. 10km를 뛰려면 8분 혹은 9분 대의 페이스로 달려야 무리 없이 완주할 수 있다. 그러나 나도 욕심이 난다. 5km를 30분 안에, 10km를 1시간 안에 뛰고 싶다. 이런 앎의 세계를 조금 더 넓혀가기 위해 영어 공부를 시작했다. 매주 한 번 캐나다 출신의 CJ를 만나 영어로 대화를 나눈다. 초보이지만 즐겁고 유쾌하며 기다려지는 시간이다. 이렇게 조금씩 앎의 지경을 넓혀가는 삶, 이것이 바로 나다운 삶, 행복한 삶이라고 생각한다. 이 글을 읽는 당신에게 묻고 싶다. 당신에겐 내일이 기다려지는 설렘의 대상이 있는가? 내게는 있다. 그것이 달리기, 영어 공부, 글쓰기, 그리고 브랜딩이다.

5부. 김세엽의 이야기

나의 아저씨들에게서 배우다

2019년 어느 날 인생 드라마 한 편을 만났다. 바로 '좋은 어른' 신드롬을 만들어냈던 '나의 아저씨'라는 드라마였다. 나는 조금 뒤늦게 이 드라마를 보면서 자신도 모르게 극의 스토리에 빠져들었다. 일반적으로 '아저씨'라는 호칭을 접할 때 우리는 약간 부정적인 고정관념에 부딪힐 때가 있다. 어느 정도 묵직한 나이와, 사회에서 일정 직책을 가진 층인 경우가 많다 보니 자칫 권위적이고 보수적인 상사나 가장의 모습이 연상되곤 하는 것이다. 나 역시 '아저씨'에 대한 첫인상은 그랬다. 앞에 서면 긴장하게 되는 직장 상사였고, 소통에 관심 없어 일방적으로 맞춰줘야 하는 어른으로 느껴져, 조금은 어렵고 가까이하기 힘든 대상이었다.

어느 상처입은 아저씨의 고백

지금은 고인이 된, 이선균이라는 배우가 연기한 박동훈이라는 캐릭터는 바로 그런 한국의 '아저씨'다. 그리고 박동훈도, 박동훈의 주위에 있는 사람들도 모두 보통의 평범한 사람들이다. 그러나 드라마에서 만나는 그들은 선의를 잃지 않으며 늘 서로에 대해 진심이고 더 각별하다. 여주인공인 지안은 박동훈을 도청하는 과정에서 그들의 따뜻한 대화와 말들을 만난다. 정작 그 자신은 한 번도 들어보지 못했던 그런 언어들이다.

"경직된 인간들은 다 불쌍해, 살아온 날들을 보여주잖

아. 상처받은 아이들은 너무 일찍 커버려. 그게 보여, 그래서 불쌍해"

(드라마 '나의 아저씨' 중)

이런 말들은 극적인 큰 변화들을 단숨에 만들어내진 않지만 서서히 스며든다. 그리고 자신이 가진 따뜻한 마음, 정직한 마음에 위배되지 않는 행동들로 자연스럽게 인도한다. 그들은 자신의 처지나 여유에 따라 달라지지 않으며, 유불리를 따지지 않고 누구에게나 같은 사람으로 그 앞에 선다. 한마디로 그들은 스스로를 배신하지 않는다.

나는 드라마를 접한 후 박동훈이라는 캐릭터에 매료되었다. 그리고 주변 사람들, 회사에서 만나는 모든 좋은 '아저씨'들을 다시 보게 되었다. 내가 인정받아야 할 상사나 동료가 아니라, 좋은 품성을 지닌 한 사람으로 때때로 인식하게 된 것이다. 그들은 좋은 습관을 가지고 묵묵히 자신을 성장시켜가고 있었다. 세상사에 지칠 때도 절대 내려놓지 않는 자신만의 태도가 있는 듯했다. 바쁜 상황에서도 스스로 정돈하며 스마트함을 유지하고자 했고, 여러 지식과 현

란한 언어로 스스로를 포장하는 대신 담백하게 상황을 설명하고 다른 사람을 이해시키곤 했다. 드라마의 박동훈이라는 캐릭터에 빠져들고 나서부터 나는 이렇게 그들을 조용히 관찰하는 습관이 생겼다.

자기만의 스몰 스텝으로 사는 사람들

어떤 아저씨는 지인들에게 생각날 때 안부 전화를 해서 조곤조곤 그 사람의 최근 근황에 관심을 가져주곤 했다. 아침 일찍 출근해서 혼자만의 시간을 가지는 아저씨도 있었다. 새로운 자료가 잘 이해되지 않을 때마다 자기 책상에서 작은 소리로 조용히 낭독해 보는 아저씨, 지치거나 힘든 업무를 할 때 중간중간 가그린을 하며 다시 상쾌한 기분으로 자신을 가다듬는 아저씨도 있었다. 회의 전 많은 내용들을 통합할 수 있도록 언제나 한 장짜리 표로 간결하게 만들어 나를 감탄시키는 아저씨도 있었고, 어떤 날 내가 업무로 인해 흥분 상태가 되어 속사포로 많은 양의 말들을 허겁지겁 하려 했을 때, 조용한 어조로 중간중간 짧은 질문을 던지며 소통의 자세를 회복하게 해 준 아저씨도 있었다. 새 부서 발령 후, 한 아저씨가 나에게 새 업무에 도움될 만한 내용이라며 정리해서 보내준 메일을 받았을 때, 나는 어쩌면 박동훈은 드라마 속의 인물만이 아님을 깨달았다.

그 결과 나는 한 가지 사실을 알게 되었다. 좋은 사람들은 누구나 자기만의 스몰 스텝을 가지고 있다는 사실을 말이다. 물론 그들은 나처럼 스몰 스텝이란 이름을 붙이진 않았지만 자기 자신을 '좋은 어른'이 되도록 노력하는 분명한 자신만의 습관이 있었다. 이전에 나는 먼 곳에 있는 유명한 사람들의 책을 읽어보고, 그들이 제시한 솔루션을 따라 실천하기를 반복했었다. 그러나 그 동기의 대부분은 냉정하게 얘기해서 '욕심'이었다. 그 사람처럼 잘 나가고 싶어서, 돈이 많아지고 싶어서, 성공하고 싶어서, 그래서 사람들에게 많은 인정과 칭찬과 사랑을 받고 싶어 한 행동들이었다. 그리고 그 모든 시도들은 실패했었다.

삶의 보석같은, 좋은 어른들

요즘의 나는 홀로 주변의 좋은 어른들을 눈여겨보고 관찰한다. 아저씨라는 이미지와 대표성 속에 가려져 있던 모습에서 좋은 어른을 발견했듯 이제 주변의 할머니, 아줌마들에서도 좋은 모습을 발견하게 된다. 최근 큰 동기부여가 되어준 분은 스포츠센터에서 씩씩하게 배낭을 짊어지고 다니며 변함없는 루틴으로 운동하는 탄탄한 근육을 자랑하는 60대 여인이다. 운동이 끝나고 자기 몸에 오일을 바르거나 부드럽게 스트레칭을 하며 하루를 정성스럽게 살아내는 그 모습에 숙연한 느낌마저 든다. 그분의 노력해서 만든 건강한 몸이, 어떤 모델들보다 아름다워 보이고 나를 매일 운동할 수 있도록 움직이게 만든다.

"모든 일이 그래, 항상 네가 먼저야. 네가 아무것도 아니라고 생각하면 아무것도 아니야"
(드라마 '나의 아저씨' 중)

좋은 어른들 하나하나가 그렇게 자신을 중심에 두고, 지켜가고 성장하는 모습은 내게 깊은 인상을 주었다. 그런 모습을 보며 나도 나를 성장시키고 조직과 사회 속에서 타인과 좋은 관계를 맺고 싶어졌다. 그들은 분명 내가 이전에 줄곧 만나온 아주 평범한 사람들이었다. 하지만 동시에 배려, 인내, 진정성과 같은 가치를 추구하고, 작은 습관들로 삶에서 직접 보여주는 보석 같은 '좋은 어른'들이었다.

스몰스텝에 플로우를 더하면

나는 중문과를 졸업했다. 그래서 약 4년간 중국에서 일을 할 기회가 있었다. 그러다 어느덧 결혼을 하게 되어 나이 서른셋에 다시 공무원 시험을 보고 일을 하게 되었다. 이런 경험 덕에 공무원이 되고 나서도 중국에 1년간 파견 근무를 했고 다시 돌아와서 간간이 통역도 하게 되었다. 그런데 나는 이 일이 싫지 않았다. 시청에서 일하던 어느 날, 중국 심양시의 고위 공무원과 성남시 국장과의 만남이 예정되어 있었는데 그날도 내가 두 분의 통역을 맡게 되었다. 점심시간이 가까운 시간이었지만 선약이 있어 이 두 분은 사무실에서 만나 간단히 30분 정도 이야기만 나누기로 했다.

그 날의 통역은 무엇이 달랐을까

만나서 이야기를 나누던 중, 두 분은 한 가지 서로의 공통점을 발견했다. 모두 실버타운 조성에 대한 관심이 큰 것은 물론 열정을 쏟아 부어 이 사업을 시행해 본 적이 있었던 것이다. 일을 하면서 그 필요성을 절실히 깨닫게 되었고, 사업의 효과를 보기 위해선 장기적인 인식과 비전이 필요한 탓에 담당하는 리더로서 어느 정도 한계를 맛볼 수밖에 없었다. 그 안타까운 경험을 내 통역을 매개로 해서 전달하는 동안 점차 두 사람의 눈빛이 빛나더니, 종국에는 통역이 필요 없는 것과 같은 대화가 오가게 되었다. 나는 완전히 빙의된 것처럼 그 사람의 언어로 이야기했고, 대화가 고조되면서 두 분의 감정이 나를 통과해 직접 서로를 향해 흐르는 느낌이었다.

　결국 그 대화는 12시인 점심시간을 훌쩍 넘겨 버렸다. 담당 비서가 와서 서둘러 자리를 떠야 한다고 초조한 목소리로 언질을 주었고, 나도 시간을 보고는 화들짝 놀라 두 분을 쳐다보았다. 나는 그 시간 동안 두 사람이 어떤 말과 감정을 전하고 싶어 하는지를 오롯이 느낄 수 있었다. 아니 입을 열기 전에 이미 둘이 무슨 말을 하고 싶어 하는지 알고 있는 듯한 마음이라고 할까. 그날의 통역은 무엇이 달랐던 걸까.

　'플로우(flow)'라는 말은 몰입을 뜻한다. 이런 표현을 처음 쓴 하버드대의 미하이 칙센트미하이 교수가 2021년 세상을 떠났다는 사실을 뒤늦게 알고 문득 궁금해져 그의 책을 다시 꺼내어 읽었다. 그리고 그때 내가 경험했던 것이 플로우였음을 깨달았다. 좋아하는 일을 하면서 몰입할 때 이렇게 재미있고 행복한 이유를 알게 되었고, 왜 몰입이 한 곳으로 focus하는 것이 아니라 흐르는 flow인지도 이해하게 되었다. 미하이 교수는 이 플로우란 개념을 장자가 이야기한 흐를 '류(流)'란 글자에서 찾고 있는데, 장자는 한 숙

련된 도살업자가 고기의 뼈와 뼈 사이의 살을 발라내는 걸 보고 그 모습이 물 흐르는 것처럼 멈춤이 없고, 마치 도를 닦는 것과 같다고도 비유했다. 또 전 서울대 교수 황농문 작가는 자신의 잠재력을 최대한 끌어내어 목표를 이루는 방법은 바로 몰입을 계속 유지하는 것이며, 후회 없는 삶이란 바로 100% 연소하여 재가 된 장작처럼 자신의 능력을 모두 발휘하는 삶이라고도 이야기했다.

온전한 몰입의 기쁨

통역하면서 느낀, 온전히 몰입했을 때의 기분은 내가 일상적인 한계를 벗어나 성장하는 지점이자, 더 큰 질서와 흐름에 편입하는 상승의 느낌이었다. 나는 그 몰입의 경험이 좋았지만, 큰 목표를 세우고 끊임없이 몰입을 지속해 완전한 삶을 만드는 것은 어쩐지 부담스럽고 버겁게 느껴졌다. 그래서 삶 속에서 이를 계속 유지하려는 실천은 하지 않았던 것 같다.

그러던 중, 재작년 급한 상황으로 인해 갑자기 휴직하게 되었다. 상황이 어느 정도 마무리되고 나자, 복직까지 얼마간 온전히 자유로운 하루하루가 주어졌다. 나는 모처럼 좋아하는 일들을 이것저것 하며 그냥 쉬기로 했다. 그런데 한 달쯤 지나자, 무한한 자유가 꼭 좋지만은 않았다. 온갖 할 일과 업무에 매여 살다가 외부의 규율이 모두 일순간에 사라져서일까, 좋아했던 일을 하면서도 문득 딴생각을 하거나 다른 일에 쉽게 빠져들곤 했다.

옆길로 한없이 새다가 돌아오면 원래 느꼈던 흥미와 집중력은 흩어져 사라져 버리기 일쑤였다. 서두를 일도 없는데, 나는 왜 여전히 이 일, 저 일 기웃거리며 하나의 일을 마치기 전에 다음 것을 생각하는 것일까. 어디에도 집중하지 못한 채, 산만하게 하루하루를 흘려 보내고 있었다.

서두르지 않고 순간에 집중하다

그때 지난날 내가 몰입했던 몇 번의 순간들이 떠올랐다. 부담 없이 하는 작은 활동들도 어쩌면 몰입이 필요할지 모른다. 바쁜 시간을 쪼개어 나만의 공간과 시간을 확보하고 그것들을 수행할 때 느꼈던 그 즐거운 몰입 말이다. 그래서 나는 자유 시간을 즐기되, 몰입을 유지할 수 있도록 두 가지 원칙을 정했다.

첫째, 중도에 딴짓 하지 않고 하나의 스몰 스텝을 완결하기.
둘째, 시간과 완성도에 대해 느슨한 목표를 정하되, 필요하면 의도적으로 결정하고 조정하기.

이렇게 나름대로의 목표와 시간을 설정하여 샛길로 빠져나가지 못하도록 스스로 단속했다. 바빠서 짧은 시간에 끝내기가 아쉬웠던 내 스몰 스텝들. 거창한 목표나 결과물을 위한 것이 아닌 글쓰기, 운동, 산책 같은 소소한 일들이지만, 전보다 충분한 시간을 두고 정성껏 해보기로 했다.

서두르지 않고 작은 순간에 집중하니, 붕 떠서 내 것이 아니던 시간이 나를 위해 흐르기 시작했다. 그 활동 속에서 새로운 의미와 즐거움을 발견할 때면, 나는 몇 번이고 깊은 생각과 통찰에 젖어 들곤 했다. 이제는 2년여가 지난 지금도, 그 혼자만의 시간과 느낌은 여전히 내게 힘이 된다.

스몰 스텝, 새로운 발견들 속으로

 스몰 스텝에 플로우를 더하면서 나만의 그 작은 활동 중 뭔가가 약간씩 달라졌다. 느끼는 감정이 풍부해졌고, 어떤 스몰 스텝이든 그 안에서 보이지 않는 실처럼 연결되는 새로운 발견이 생겼다. 처음 변화를 느낀 건 반려견을 산책시킬 때였다. 집안일을 마치고 오전 10시쯤 강아지와 함께 집을 나섰다. 실외 배변을 하는 아이라 늘 아침 출근 전, 저녁 퇴근 후 급하게 서둘러 산책을 시키곤 했다. 그 산책을 오전 시간에 배치했고, 둘 다 운동이 될 수 있도록 한 시간 정도 걷거나 뛰거나를 반복하기로 했다. 장소는 자연을 느낄 수 있는 불곡산이나 중앙공원 쪽으로 코스를 잡았다.

매일의 소소한 도전들

그렇게 무심코 걷던 어느 날, 유난히 강아지가 신이 나 보였다. 문득 우리와 함께한 3년 동안 이 아이가 거의 하루 종일 집에 혼자 있었다는 사실이 떠올랐다. 게다가 우리를 만나기 전에는 유기견 쉼터에서 만 1년 반 동안 철창에 갇혀 지냈던 아이였다. 이 강아지에게는 매일 이렇게 낮에 햇빛을 받으며 산책하는 경험이 처음이었을 것이고, 내가 복직하고 나면 앞으로는 이런 시간을 자주 가질 수 없을 것이라는 생각이 들었다.

그날 이후, 산책의 초점은 점점 반려견을 관찰하고 서로 교감하는 시간으로 바뀌어 갔다. 강아지는 산책 중 종종 멈춰서서 실눈을 뜬 채 코를 쿵쿵거리며 가을바람의 냄새를 맡곤 했다. 갑작스러운 폭우로 흠뻑 젖은 채 걷던 날에는 물놀이라도 나온 듯 신이 나서 엉덩이를 흔들거나 발을 통통 튕겼다. 그리고 기분이 한껏 고조될 때면 항상 고개를 들어 나를 올려다보며 눈을 정확히 맞췄다. 그럴 때면 나는 그 아이의 들뜬 감정을 고스란히 느낄 수 있었다. 이렇게 모처럼 행복과 애정을 마음껏 표현하는 모습을 보는 것은 내게 큰 감동과 기쁨을 주었다. 가족들이 집에 돌아올 때면 현관문 앞에 나와 몸을 부비며 반기던 다정한 이 아이와, 그해 가을 우리는 한층 더 애틋해졌다.

두 번째로 시작한 것은 매일 수영을 가는 것이었다. 낮 시간에 수영을 시작했고, 매일 빠지지 않고 다녔다. 이전에도 퇴근 후 저녁 시간에 다녀 보긴 했지만, 운동신경이 그다지 좋지 않은 데다 가을이 오면 물이 차갑게 느껴져 중단하는 바람에 진도는 제자리걸음이었다. 하지만 이제는 충분히 시간을 두고 미리 도착해 따뜻한 물로 오래 샤워할 수 있었고, 온탕에 잠깐 몸을 담글 수도 있었다. 몸이 충분히 데워진 다음 들어가자 물이 차갑게 느껴지지 않았다. 두 달 정도 매일 빠지지 않고 꾸준히 하니 수영 실력이 점점 늘어갔다.

"팔을 쭉 뻗어 입수하고, 발로 킥을 해서 중간 정도 깊이로 들어간 다음 팔을 뻗어 물을 끌어 모으고…"

처음 강사가 설명할 때는 모든 동작을 짧은 시간 안에 어떻게 연결해야 할지 고민이 많았다. 수영장 물을 들이켜고, 어린애처럼 물장구를 치며 허우적대는 시간을 거쳐 이제는 생각할 필요 없이 몸이 자연스럽게 반응하기 시작했다. 학교와 사회에서 늘 경쟁 속에서 무언가를 배웠던 탓일까, 빨리 배우지 못하면 초조해져 스스로를 다그치거나, 아예 흥미를 잃고 포기해버리곤 했었다. 하지만 제법 우아한 접영 동작으로 한 바퀴를 돌던 날, 나는 생각했다.

'이제는 아무것도 빨리 할 필요도, 잘할 필요도 없다. 그냥 내 속도로 하면 된다.'

내가 예전부터 물을 좋아했다는 사실도 떠올랐다. 이젠 수영이 단순한 운동이 아니라, 마치 놀러 다니는 것처럼 즐겁게 느껴졌다. 그때부터 지금까지, 수영은 내가 가장 오랜 기간 꾸준히 해온 인생 운동이 되었다.

조용한 한 끼 식사의 즐거움

매일 저녁 시간에는 정성껏 아이의 밥을 준비했다. 내 아이가 학교에서 돌아올 시간, 5시 정도면 한 사람을 위한 갓 지은 저녁이 차려졌다. 아이는 오자마자 "오늘은 메뉴가 뭐야?"라고 물어보며 기대하곤 했다. 생각보다 음식에 대한 요청이 세부적이었고, 먹고 싶은 것도 많아졌다. 아이의 저녁상에 대한 기대감이 커지자, 나는 메뉴를 미리 생각해두고 아이의 시선에서 밥상의 색깔과 모양, 맛을 상상하면서 음식을 만들었다.

시간에 맞춰 1인용 주방 테이블을 깨끗이 닦고, 준비한 메뉴를 보기 좋게 그릇에 골고루 담아 내놓으면 아이는 콧노래를 부르며 앉았다. 그리고 혼자만의 한 끼 식사를 조용히, 천천히 즐기고 만족스럽게 마쳤다.

시간이 좀 더 지나자 나는 밥상을 미리 차린 후 사진으로 찍어 카톡으로 보내 놓곤 했다. 이제 점점 내가 복직할

날짜가 다가오고 있었다. 나는 아이가 이 밥상 사진을 기억해 주길 바랐다. 다시 아이가 혼자 냉장고에서 반찬을 꺼내 먹게 될 몇 달 후, 이 사진처럼 자신을 위한 예쁘고 정갈한 한상을 차리길 바랐다. 내가 아이를 집에서 맞이할 수 없을 그때에도, 그리고 앞으로의 모든 식사 시간에도, 자신을 소중히 여기고 맛있게 대접하길 원해서였다.

글쓰기에 도전하다

자유시간 동안 해보고 싶었던 글쓰기에도 도전했다. 그렇지만 글쓰기는 생각보다 어려웠다. 박요철 작가님의 단톡방 '황홀한 글감옥'에 참가해 매일 글쓰기 인증을 시도했지만, 한 달 만에 포기했다. 많은 분이 매일 글을 쓰고 있었는데, 일상 속 반짝이는 순간과 삶의 이야기를 유려하고 섬세하게 묘사하는 뛰어난 글솜씨를 가진 분들이 많았다. 무턱대고 글을 써봤지만, 누구에게 읽히거나 공감을 살 수 없는 글이었고 빠르게 늘지도 않았다.

그런 과정 중에 어릴 때 책을 제법 좋아하던 내가, 지금은 텍스트를 깊이 이해하지도, 읽은 글을 오래 기억하지도 못한다는 걸 알았다. 내 안의 생각과 감정을 표현할 언어의 그릇이 풍부하지 않으니 제대로 글을 쓰기 힘든 건 당연했다. 창작의 글을 쓰겠다는 욕심을 버리고, 나는 뉴스나 다른 사람의 글을 필사하기 시작했다. 생활을 위해 반복적인 일을 하고, 일상을 위한 습관적인 사고를 하는 동안 내 머리는 녹슬어 가고 있었던 듯하다. 읽고 필사하고 곱씹으면서 나는 무심히 읽던 글이나 뉴스, 책의 문장 속에 생각보다 많은 의미와 여운, 지식이 담겨 있음을 알게 되었다. 어떤 때는 외국어 배우듯 네이버 사전을 찾아가며 필사한 적도 있다.

글이라는 소통 수단의 가치를 새롭게 평가하고 가까이하는 동안 내 안의 사고도 조금 더 섬세하게 가다듬어졌다. 글을 쓰는 건 여전히 어렵지만, 내 안의 녹슬었던 인지 기능과 표현 능력이 다시 살아나고 있다는 즐거운 만족감을 느끼곤 한다. 살아오면서 대부분의 시간 동안 학업이나 일 같은 의무와 외부 요소가 내 삶에서 자기주장을 먼저 하며 나서곤 했다. 그러나 창조자로서 나를 100% 태우진 못하더라도, 이 몇 달간 스스로 찾아 나선 일정으로 하루하루를 채워 나가며 처음으로 느긋한 즐거움을 맛보았다.

　외부적 보상은 없더라도 그 작은 내 발걸음들이 충분히 즐거웠고, 그 활동들을 통해 새롭게 발견한 의미에 놀랐으며, 푹 빠져들었던 몇 달이었다. 모처럼의 내 시간, 내 삶을 내 방식대로 완전하게 만드는 것. 나는 스몰 스텝에 플로우를 더하면서 '그 자체로 행복한' 내 삶의 예술을 찾았다.

'어른의 삶'엔 필수, 재정 루틴 I

 남편과 나는 40살에 재혼했다. 우리는 결혼하고 나서야 외벌이의 삶에서 벗어났다. 남편은 대기업의 모바일 사업부 차장으로 연봉이 높았고, 나는 늦깎이긴 했지만 정년이 보장되는 공무원이었다. 특히 남편의 연봉이 높은 편이라 나는 갑자기 수입이 두 배가 아니라 몇 배가 되었다.

 '100세 인생'의 저자인 린다 그래튼도 책에서 "나는 다시는 외벌이로 돌아가고 싶지 않다."라는 회한 섞인 말을 했다. 우리 둘 다 진심으로 공감했다. 그전까지 나는 늘 아이와 둘인 살림을 월급을 쪼개 쓰며 빠듯하게 생활했다. 경제 상황에 속으로 조마조마하던 날이 많았는데 한시름 내려놓은 느낌이었다. 외벌이라는 것, 특히 한 부모라는 것은 단순히 한 사람 몫 수입만 들어온다는 뜻이 아니다. 앞으로 사고가 생기거나 몸이 아프거나 안 좋은 상황이 찾아오면 상황을 수습하고 생활을 유지하기 위한 모든 경우의 수를 오로지 나 혼자 감당해야 한다는 것을 의미했다.

혼자인 어른의 삶은 그 마음의 무게가 혹독하다. 그 리스크를 모두 다 거뜬하게 짊어지기엔, 난 턱없이 불안했다. 그때 내가 자신을 위로 삼아 하던 혼잣말은 이랬다.

"다들 이렇게 빠듯하게 아끼면서 살아, 나만 힘들고 불안한 거 아닐 거야."

참으로 아이러니하게도 앞날의 계획이 절실히 필요한, 여유 없는 사람들일수록 앞날에 대한 예측과 계획을 잘 안 하거나 못하게 되곤 한다. 집을 사고 팔 때나, 투자를 해서 돈을 불릴 때는 여윳돈과 융통할 수 있는 기간이 필요한 법인데, 당장 들어오는 수입이 빠듯하니 경제 행위에 소극적이 된다. 그래서 명확히 보아야 할 것들을 보지 않고 막연히 잘 될 거라며 오늘의 불안을 달래곤 했다.

생애재정표를 만들다

결혼해서 그전보다 풍요로워진 데다 우리 둘 다 소비 패턴이 검소해 비싼 물건엔 관심이 없었고, 골프 등 돈이 많이 드는 취미도 즐기지 않았다. 수입은 많은데, 그전처럼 아껴 쓰니 여윳돈이 생겨났다. 삶이 지금처럼 안정되고 확고해 본 적이 없다. 경제적 안정을 실제로 느껴보니 내가 한 번도 맛본 적 없는 행복감이었다.

'삶은 원래 불안하고 예측할 수 없는 거야.' 흔들리던 시절에 붙들고 살던 그 신념은 틀렸다. 경제적인 자원은 예측 가능한 것이다. 그리고, 이를 더욱 안정적으로, 더 잘 예측할 수 있도록 만들어야겠다는 생각이 들었다.

내친 김에 엑셀로 앞으로의 소득과 지출을 계산하고 예

측해 보는, '생애 재정표'를 작성하기로 했다. 생애 재정표의 핵심은 이것이다.

1. 평생 벌 수 있는 돈과, 평생 쓸 돈을 미리 예측해 본다.
2. 그리고 그 예측이 맞는지 루틴을 정해 정기적으로 체크한다.

도중에 연봉이 초과해서 오르거나, 투자가 좋은 결과를 가져온다면 수입이 늘어나므로 다시 그 재정표의 수입을 수정한다. 반면에 아이 학비가 더 들어가거나, 부모님이 아프시거나, 가구나 자동차를 바꾸는 시기가 예상보다 빨리 온다면 지출이 늘어나므로 지출 부분을 수정한다.

우리가 최초에 예측했던 데서 우리는 과연 더 풍요로워질까? 아니면 더 빠듯하게 살게 될까? 매달, 그게 아니면 분기마다, 혹은 적어도 1년에 한 번, 우리는 삶의 재정표를 루틴을 가지고 업데이트하며 살기로 했다. 물론, 그 재정표에서 가장 최악의 시나리오라도, 은퇴해서도 우리 노후 생활을 스스로 유지할 수 있어야 한다. 둘이서라면 그쯤 못할리 없었다. 그리고 우리는 계산하고 예측해서 우리 삶을 더 풍요롭고 안정적으로 만들 것이다!

자연스럽게 목표가 생겼다. 참 즐거운 깨달음, 흥분되는 순간이었다.

예측할 수 있는 것과 예측할 수 없는 것

사람 수명은 알 수 없지만, 우리는 100살까지 사는 것으로 가정했다. 당시 우리 나이였던 41을 엑셀에 쓰고, 그로부터 59칸에 숫자를 차례로 써서 100까지 숫자를 채워 넣었다. 이렇게 써놓고 보니 아득한 먼 미래로만 생각되던 안개에 자욱하게 가려진 100살이, 또 앞으로의 59년의 시간이 머릿속에 한층 선명해졌다.

다음, 우리의 퇴직 나이를 각각 55세, 60세 칸에 쓰고 매년 예상 연봉도 기재했다. 이어서 그 59개의 칸에 예측할 수 있는 일련의 삶의 굵직한 사건들을 써넣었다. 그리고 가족들 생애 주기에 따라 예상되는 부모님 여행, 차량 교체,

가구 교체, 아이 학비 등 생활비 외에 가외의 지출액과 그 시기들을 썼다. 아이의 졸업과 독립, 우리의 퇴직, 부모님 돌봄…. 언제 일어날지는 예측할 수 없지만 언젠가 일어난다는 것은 누구나 예측할 수 있다. 특히 부모님의 노환, 죽음, 우리 건강의 쇠퇴 등, 짙은 슬픔과 아쉬움이 동반되는 사건들이 이 59칸 안에서 필연적으로 일어날 것이다. 그 내용들을 차분하고 담담하게 써 놓고 바라보자 그 공포가 더 이상 커지지 않게 되었다.

    이제는 언젠가 다가와 우리를 강타할지 모르는 사건들을 좀 더 넓은 시야로 바라볼 수 있게 되었다. '계산하고 예측하는 인생'이라는 말이 떠올랐다. 앞으로의 인생은 내가 계획하고 주도하는 삶이 될 것이다.

'어른의 삶'엔 필수, 재정 루틴 II

처음, 우리 재테크의 큰 관심사는 노후 준비였다. 우리는 퇴직 후 충분한 금액의 생활비를 맘 편하게 월급처럼 받을 수 있도록 설계해 놓고 싶었다. 노후 생활비 예측치를 뽑기 위해 남편은 먼저 두 달간 꼬박꼬박 가계부를 쓰며 우리의 소비를 관찰했다. 남편은 매일 저녁, 한숨을 쉬며 그러모은 영수증을 쥔 채 식탁에 앉았고, 베테랑 주부처럼 미간을 찌푸리며 꼼꼼히 엑셀 가계부를 채워 넣었다. 나는 그 모습이 우습기도 하고 고맙기도 해 진정한 가장이자 주부라 치켜세우며 '가장주부'라는 별칭으로 남편을 부르곤 했다.

두 달 후, 우리가 쓴 돈의 액수와 종류를 구분해 보고 노후에 없어질 지출을 빼고 생길 지출을 더해보니, 산출된 노후 생활비가 생각보다 많았다. 60세 전에 주택 대출금을 전부 갚아 이자 지출을 없애야 한다는 목적도 분명히 하게 됐다. 미리 노후 생활비를 계산해 보지 않았다면 아마 퇴직 후, 생각보다 많은 지출에 마음이 쪼그라들었을 것이다. 외벌이 혼자 모든 리스크까지 감당할 수 있을까 늘 불안해했던 것처럼 말이다.

우리가 현재 준비하고 있는 연금이 그 노후 생활비를 커버할 수 있을까? 또 55세, 60세 퇴직한다는 가정하에서 월급도, 연금도 받기 힘든 5년~10년의 연금 크레바스 기간에 어떻게 생활을 유지할까? 둘이서 식탁에 앉아 생애 재정표를 들여다볼 때마다 자연스럽게 해결해야 할 '진짜 질문'들이 생겨났다.

노후준비에서 경제공부로

연금의 3층 구조(공적연금/퇴직연금/개인연금) 중 가장 기초이며 뼈대가 되는 공적연금. 남편은 국민연금, 나는 공무원연금을 성실히 내고 있었다. 앞으로 연금 개혁이 있겠지만, 그래도 100세까지 자신 있게 메워 넣을 수 있는 돈이 이것 만한 게 있을까 싶다. 생애 재정표에 65세 칸부터 100세까지 남편과 나의 예상 수령액을 써넣을 때, 그 고마움과 든든함이라니. 직장 생활을 꾸준히 해 온 우리 자신에게 고마움을 느꼈다.

3층 구조의 두 번째, 퇴직연금으로 옮겨가자 다른 장이 펼쳐졌다. 퇴직연금을 조금이라도 더 불리기 위해 남편은 개인이 운용할 수 있도록 한 DC형으로 바꿔 소소하게 투자를 시작했다. 미국 주식과 연동되는 ETF에 주로 넣었고, 1주, 한 달 루틴을 정해 놓고 들여다볼 때마다 수익률이 꾸준히 올라가 있었다. 시간이 좀 더 지나면서 남편은 주식투자에 관심이 생겨 자기가 관심있는 기업의 단일 종목을 샀고, 그 종목의 업계에 대해 매일매일 뉴스를 찾아보곤 했다.

식탁에 앉아 노후 생활을 머릿속으로 그려보며 주식시장이 변동해서 연금액이 올라갈지, 건강보험 납부액은 얼마가 될지, 가지고 있는 보험들은 어떻게 정리할지…. 노후에는 생각보다 이렇게 공부할 주제들이 많았다. 그 주제들에 대해 엑셀에 시트를 추가해서 정리해 적어 두고 유튜브, 블로그를 참고하며 상식을 키워갔다. 생애 재정표의 첨부 시트가 늘어갔고 한 걸음 한 걸음 씩, 운동을 해서 근육이 붙을 때처럼, 자산과 함께 지식과 경제적 여유가 늘어나는 그 느낌이 정말 좋았다.

시장 흐름과 재테크 루틴은 분리해서

경제 흐름을 설명하는 이론 중 콘드라티예프 파동은, 자본주의 경제가 장기적으로 파동을 그리며 상승과 하강을 반복한다는 순환 이론이다. 50년 정도를 한 주기로 반복된다고 하니, 우리 삶에서 한 번은 그 파동의 순환을 필연적으로 지켜보게 되어있다고 한다. 코로나19로 유동성의 흐름이 많아졌을 때, 많은 사람들이 주식시장이 상승하는 모습을 보고 늦게라도 투자해야 한다며 관심을 보였고, 이후 시장이 하락세로 돌아섰을 때 손실에 대한 불안감으로 서둘러 주식을 판 뒤 관심을 끊고 투자를 멈춰 버리곤 했다. 이런 흐름 속에서 우리만의 생애 재정표가 있었던 것, 그에 따라 우리의 인생 로드맵을 그릴 수 있었던 것은 큰 도움이 되었다.

우리는 시장이 오를 때 어디가 최고점인지 기다리지 않고 충분한 수익의 지점에서 팔아 필요한 돈을 마련하곤 했다. 자연스럽게 관심이 커져 매일 들여다보며 기쁨을 만끽했다. 호황일 때 관련 공부와 시장 분석을 하면 더 재미있고 몰입이 잘되어 자주 들여다보며 더 나은 기회를 위한 지식을 확장하곤 했다. 반대로 하락할 때도 공포에 휩싸이지 않고 꾸준히 관찰하고 마침 싼 가격이니 추가로 매입하기도 했다. 아무래도 자산이 줄어드니 속상한 마음은 관심을 덜 두고 자주 들여다보지 않으며 컨트롤했다. 마음속 탄탄한 마지노선이 있으니 크게 흔들리지 않고, 우리 목표와 삶의 필요에 따라 스몰 스텝으로 루틴을 지켜갔다.

위시리스트와 택시 타기

누구나 생애 꼭 해보고 싶은 마음속 위시리스트들이 있다. 대부분 돈 없이 이루기 힘든 것들이 많다. 직장을 그만두고 몇 년 재충전하기, 유럽 일주, 전원주택 짓기…. 만약 지금 그걸 할 만한 여유가 있다 해도, 많은 경우 지금 바로 해야 할지 잘 몰라 시기를 놓치거나 안 하게 되고 만다.

우리의 경우 현재 조금 여유가 있는데 과감히 그걸 해도 될까? 아니면 지금 시장이 한참 좋으니 더 수익을 올리고 미래를 대비해야 할까? 망설여지는 경우엔 가만히 생애재정표를 보고 의논하면 답이 나왔다.

우리의 작은 위시리스트 중 더 미룰 수 없는 일이 하나 보였다. 80이 넘은 부모님께 좋은 브랜드의 소파와 침대를 사드리는 것이었다. 들어갈 돈의 액수를 계산해 보고 주식을 매각해서 마련한 돈으로 바로 실행에 옮겼다. 부모님이 인증 사진을 보내시며 설레하는 모습을 보니 감사했다. 이렇게 쓴 돈은 아쉬움을 남기지 않았고, 우리의 위시리스트를 가장 적합한 때에 이뤘다는 큰 성취감을 주었다.

많은 사람들이 자산이 늘어나면 새로운 것을 시작하거나 욕망하곤 한다. 더 비싼 물건을 사고, 새로운 취미를 시작하며 자신을 바꾸려 하곤 하지만 나는 지금의 내가 좋다. 지금의 즐거움이 곧 내 삶이고, 굳이 더 화려해 보이는 것을 시도해서 변화하는 것이 기쁨을 가져다 주지 못한다는 것을 알게 되었다. 자산이 늘어날 때도 변화보다는 현재의 소소한 만족을 소중하게 여기고 즐기기로 했다. 그래서 그 즐거움을 누리는 데 필요한 고통을 줄이기 위해 돈을 쓰는 것이 내가 여유를 누리는 방식이다.

먼 곳으로 차를 타고 가서 맛있는 음식을 먹거나 공연을 볼 때 편안함을 위해 택시를 이용하고, 치과 치료의 고통을 줄이기 위해 수면 마취를 선택한다. 겨울에 난방이나 사우나 시설이 더 좋은 수영장으로 옮겨서 등록한다. 우리를 더 바꾸기 위해 소비하는 대신, 지금의 우리를 편안하게 만들어 주는 선택에 돈을 쓰며 여유와 행복감을 느낀다. 마치 내가 좋아하던 것들, 내 삶, 내 취향은 원래부터 소중한 거였어, 그렇게 있는 그대로 존중하며 더 가치 있게 가꿔가는 느낌이다.

무겁지만 가벼운, 어른의 스몰스텝

개인 투자로 성공한 경제, 재테크 유튜버와 블로거들을 보면 지역이나 종목 분석, 정교한 데이터와 어려운 경제 용어들이 등장하고, 각종 차트와 사례를 적절히 활용해 이해시키기도 하는 등 전문가 못지않은 면모를 보여준다. 그 많은 지식을 쉽게 설명하고 적용하고 사람들이 부러워하는 수익을 내며 자신의 삶을 완전히 바꾼 그 사람들은 알면 알수록 신기하고 감탄스럽다.

나는 그 정도까지는 습득력이 좋거나 행동이 빠르질 못하고 기초지식도 탄탄하진 못하다. 그러나 소비 체크, 월급 관리, 주택 매매, 노후 자금(연금), 주식투자까지… 필요할 때마다 조금씩 확장하고 삶이 풍요로워지면서 인생을 환골탈태하지 않더라도 큰 행복을 느끼게 되었다.

최근 주식이 조금 오르면서 딸에게 주식 증여를 일부 하고, 나도 남편으로부터 해외 주식을 증여 받기로 했다. 유튜브나 블로그로 해당 키워드를 검색하고 나름의 지식을 사전에 정리한 후, 며칠 전 해외 주식의 부부간 증여와 양도 소득세 정리에 관해 처음으로 세무사 사무실을 찾아가 유료 상담을 받았다. 몇 십억의 상속 절차를 의논하는 전 상담을 엿들으며 내심 기가 죽었고, 정해진 시간 30분도 절반밖에 못 채우는 간단한 상담이었지만 바뀐 법률과 세무 진행 절차에 대한 궁금증을 해소한 나는 한 걸음 성장한 느낌이었다. 증여와 상속 그에 따른 약간의 세무 지식… 내 경제 재테크 지식은 현재 요만큼 또 넓어졌다.

1년, 2년이 가면서 우리는 당초 예상치보다 상향된 금액을 수입란에 써넣고 있다. 물론 운이 좋은 이유도 있다. 때마침 부동산이 폭등하기 전 아파트를 샀었고, 투자를 시작하고 나서 유동성이 커지는 코로나19 기간도 만났으니. 그러나 무엇보다 생애 재정표에 맞춰 노후 연금을 먼저 검토해 보고, 그에 맞춰 투자해서 마음의 여유를 잃지 않을 수 있었다. 최저가 보장되어 있는 선에서 출발하니 조급해지지 않았다. 조급해지지 않으니 노후 설계가 흥미로운 주제, 신나는 주제로 다가왔다.

생애 재정표를 보며 주기적으로 의논하는 스몰 스텝은 재미있다. 그리고 지난날 무겁게만 느꼈던 어른의 삶을 즐겁고 가볍게 해주는 마법이다. 투자에 성공해서 조기 은퇴하지도 않을 것이고, 한 번에 빛나는 삶으로 바뀌지도 않을 것이다. 나는 여전히 남은 퇴직 날까지 꾸준히 남편과 직장 생활을 할 것이며, 소박하게 조금씩 내게 필요한 경제 지식을 습득하고 적용할 것이다. 그 작은 노력들이 가외의 성과와 더 큰 기쁨을 가져다 줄 때는, 물론 내 위시리스트 우선순위를 따라 즐거운 이벤트와 조금 더 큰 기회를 삶에 끼워 넣으며 살 것이다. 그렇게 작은 발걸음으로 남들보다 더 큰 기쁨을 느끼는 것, 그게 내 재정 라이프이자 내 운명이 아닐까?

6부. 문수정의 이야기

데쓰노트를 감정노트로

누군가에게 좋은 말을 들으면 기분이 들뜨고 몸이 깃털처럼 가벼워져 훨훨 나는 느낌이 드는 반면 조금이라도 안 좋은 소리를 듣거나 불쾌한 일이 있으면 하루 종일 그 생각이 떠나질 않고 마음은 점점 더 가라앉았다. 생각이 잊힐만하면 애써 붙들어 매고, 사로잡힌 생각은 또 다른 생각을 낳았다. 결국 내가 왜 그렇게 했을까 내지는 왜 그때 나는 이런 처신을 하지 못했나 하는 이불 킥을 유발하는 후회로 하루를 마감하는 일이 잦았다. 이런 걸 해소하려고 덤덤한 일기를 쓰기 시작했는데, 나중에 보니 사람에 대한 원망과 저주가 가득한 살벌한 데스 노트가 되어 있었다.

셀프 디스턴싱, 거리 두기의 지혜

하루는 어떤 사람의 무례함에 못 견디게 괴로워서 견딜 수가 없었다. 너무 괘씸한 나머지 어떻게 하면 가능한 한 날카롭게 날이 선 말로 상대방을 공격할지, 마음을 난도질할 수 있을지를 고민했다. 몇 번을 일기에 썼다 지웠다를 반복하며 그렇게 분노감을 키웠다. 결국 본때를 보여주겠다는 오만이 잔뜩 담긴 총알로 장전해 카톡이라는 방아쇠를 당겼고, 그 포탄이 터진 후 더 큰 후폭풍에 시달려야 했다. 분노한 감정은 분노를 표출한다고 해소되지 않는다는 걸 알았다.

우리는 날마다 일과 사람에서 가정과 사회에서 수많은 감정과 마주한다. 감정과 내가 동일시되고 뒤범벅이 되니 올바른 판단이 되질 않고, 걷잡을 수 없었다. 그 때부터 나를 객관화해서 제3자 입장에서 나를 바라보는 연습을 시작했다. 어떤 연구에서 효과성이 밝혀진 이론이었다. 내 행동에 대해 자책을 하거나 나는 왜 그랬을까가 아니고, 셀프 디스턴싱을 통해 나 자신의 존재를 좀 더 객관적으로 알아차리는 연습을 하는 것이다. '수정아, 너는 지금 후회하는구나, 누군가가 이렇게 평가해서 속상하구나. 수정인 잘한다는 소리를 듣고 싶었구나'. 이러한 행위는 즉각적으로 편도체를 안정화시키는 효과가 있다고 밝혀졌다. 나를 나답게 지키는 건 내 중심으로만 생각하고, 사고하면서, 외부의 자극에 계속 시선을 두는 게 아니라 오히려 외부에서 내면의 나를 객관적으로 바라보는데 있었다.

타인의 생각까지 내가 관여하거나 내가 조정할 수 없다. 결국 그건 내 몫이 아닌 거다. 내가 통제할 수 없는 것을 아무리 곱씹고 회고한다 해도 얻을 수 있는 건 없다. 내가 최선이었다면 그것으로 족한 거다. 매 순간 나는 선택권이 있다. '아 그때 왜 그랬지?' 자책하고 낙담하고 후회하는 선택을 할지, 아니면 '그때 나는 최선이었고, 그 사람도 그럴 수 있어'라고 받아들이고, 수용하는 선택을 할지 말이다.

내면의 불안을 갖고 노는 법

내면의 평온함을 깨는 상황이나 문제는 항상 도래하는데, 그 때마다 온갖 희노애락의 감정도 같이 배달이 된다. 그럴 때마다 나는 객관화해서 바라보되 동시에 화, 두려움, 분노, 걱정, 염려 등은 분리시켜서 의인화했다. 즉 나를 '두려워하는 사람, 화내는 사람, 염려하는 사람'이라고 나와 감정을 일치시키지 않고, '지금 염려가 오는구나, 불안이 오는구나, 하지만 나는 너 필요 없어' 감정을 의인화해서 거리감을 확보했다. 그렇게 감정을 제3자 객관화로 놀이하듯 대하는 습관은 조금씩 내게 효과를 발휘하기 시작했다.

평범한 다수의 사람들이 하루의 대부분을 쓸데없는 감정과 싸우느라 너무 많은 시간을 소비한다. 감정 처리법을 별도로 배운 적이 없기에, 자기 계발서에 나와 있는 동기부여 명언들로 스스로 버텨보거나, 그도 안되면 선배, 동료 등과 안주거리로 삼으며 위로를 얻어 보려 한다. 모 드라마에서 본 대사가 생각난다, '잘난 건 타고나야 되지만 잘 사는 건 너 할 나름인 거'라고, 가슴에 콕 박혔었다. 감정에 휘둘려서, 그릇된 판단을 하고, 누군가에게 상처까지 남기는 것은 건강한 삶이 아니다. 감정에 휘둘리지 않고, 감정 하나하나를 객관화해서 바라보는 연습을 하다 보니 예전처럼 불편한 감정에 이성적 판단이 뒤죽박죽 되어 내팽개쳐 버리는 일은 흔하지 않게 되었다.

그리고 일기에 그날의 감정을 구체적으로 기록하며 나를 이해하려는 노력을 시작했다. 불안이나 분노가 찾아오면 그 원인을 탐색하고, 왜 그랬는지 구체적으로 적어 감정의 의미를 되새겼다. 예를 들어, 누군가와의 불필요한 갈등으로 하루 종일 기분이 언짢았던 날에는 무조건 분노를 억누르기보다, '화'라는 감정을 마주하는 방법을 찾아 기록했다. 예전에는 상대방을 놓고 원망했다면, 이제는 '왜 그런 감정이 들었을까, 말보다 내가 받아들이는 방식이 문제였구나, 자존감을 건드린 부분이 있었구나, 다음엔 잠시 멈추고, 의도를 오해하지 말자'는 식으로 스스로 다독였다.

이렇게 일기에 감정을 수용하고 다양한 각도에서 기록하다 보니, 어느새 감정은 그저 피해야 할 대상이 아니라, 나의 하루를 더 의미있고, 더 나은 방향으로 나아가게 돕게 했다. 감정 노트는 더 이상 내 안의 괴로움을 발산하는 창구가 아닌, 나를 더 깊이 이해하는 통로가 되었다. 좋은 습관을 목적으로 시작한 일기가 중간에 잠시 변질되었었는데, 다행히 이제 데스 노트는 희노애락애오욕이 가득 출연한 애정의 감정 노트가 되어 버렸다.

겨우 이 정도의 행복

늘 행복했으면 좋겠다. 그런데 요즘은 참 많이 행복하다. 오래된 구축 아파트에서 신축 아파트로 이사를 하고 보니, 단정하고 반듯하게 정성스럽게 마감된 방구석 모서리가 그렇게 행복감을 준다. 오랜만에 구매한 하얗고 폭신한 욕실 발판 따위가 그렇게 행복하게 한다. 새로운 동네로 이사 온 지 한두 달, 적당히 익숙해진 거리이지만 아직은 약간 낯선, 그런 애매한 설렘이 남아 있어 골목 곳곳을 눈으로 꾹꾹 눌러 담는 재미가 있다. 새 공기와 처음 보는 동네가 주는 새로움이 행복하다.

직원들과 고민 끝에 선택한 신중한 점심 후 희한하게 배부를 때 더 마시고 싶어지는 크림이 두둑한 아인슈페너 한 잔 들고, 회사로 돌아오는 길은 다시 일할 맛을 주는 매직 같은 길이다. 한참 업무 보느라 모니터에 빠져 지금이 몇 시인지도 감이 잡히지 않을 즈음에 문득 고개 들어 보이는 창밖 하늘이 유난히 맑고, 마냥 푸르기만 할 때, 와! 정말 시원하다 높다 느껴질 때, 이 공간과 이 시간이 너무 감사하고 행복하다. 내 방에 꽂힌 손때 묻은 책들, 원하는 책을 보고 싶은 책을 사서 볼 수 있음이 행복하다. 저축 통장보다 든든하고 내적 충만감을 준다. 조금 늦은 출근을 해도 되는 날이면 서두르지 않고, 약간 늑장을 부려도 된다는 10분의 여유가 그렇게도 행복하게 한다.

제법 진한 행복감

바쁨과 고됨과 열심 사이에서 빠듯하게 채워온 한 주

를 마친 금요일 저녁엔 브랜드 없는 아무 치킨일지라도 맥주 한 잔과 곁들인 그 맛이 얼마나 짜릿한지 세상을 다 가진 만족감을 느낀다. 머리카락이 자라면 머리카락이 자라서, 사랑하는 누군가가 나를 보고 웃으면 그 웃음이 좋아서 살 만하다 느낀다. 가끔은 모든 방해로부터 분리되어 혼자 있을 수 있을 땐 그래서 편안하고 행복하다. 차가운 겨울이 지나갈 때 무의식적으로 한결 얇아진 옷을 꺼내 입을 때, 공기가 달라짐을 느낄 때 다시 그 계절이 왔음을 알아차릴 때 그렇게 싱숭생숭하니 행복하다.

내 오감을 조금만 예민하게 들추어내면 다양한 곳에서 무심한 상황에서 그렇게 스치듯 살짝궁이지만 제법 진한 행복 '감'을 느낀다. 시간에 쫓겼기에, 열심히 일하는 수고가 있었기에, 오래된 아파트에 살았었기에… 이런 결핍이 있었기에 지금 누군가에겐 당연할 수도 있는 순간과 상황이 이렇게 행복을 주는 게 아닐까. 그렇기에 이젠 어떤 무언가의 결핍을 느낄 때 약간 미소 지을 수 있는 틈이 생겼다. 조금만 기다려 보면 조바심 그 뒤에 따라올 행복감을 미리 스포당해서라고나 할까. 나의 내일은 또 얼마나 행복할까.

밥을 먹기 시작했습니다

 "다 먹고 살자고 하는 짓인데, 먹고 살기도 바쁜데 그럴 시간이 어딨어." "배부르고 등 따뜻하니 이제야 딴생각이 난다."라는 말만 봐도 우리네 삶에서 '먹는 것'이 얼마나 중요한 기본권이자 생존권이며, 나아가 만족감까지 좌우하는지 알 수 있다. 동물과 달리 사람은 서로 음식을 대접하고, 음식을 나누면서 관계를 맺고 애정을 확인하기 때문에 인간은 음식에 특별한 의미를 담는다. 우리의 K-푸드는 세계

화를 향해 달려갈 만큼 성장했으며, 대한민국 곳곳에는 맛집이 넘쳐난다. 사람들에게 '뭐 먹을까'는 가장 진중하면서도 행복한 고민이며, 사진에 담는 가장 예쁜 것조차도 '먹는 것'이 되어버린 요즘이지만, 나는 먹는 것에 관심이 전혀 없다.

1년간 콜라와 햄버거만 먹은 이유

어렸을 때부터 워낙 잘 먹지 않았고, 비위가 약했으며, 소화 기능이 좋지 않았다. 그래서 나는 부대끼는 거나한 밥상보다 캐러멜이나 초콜릿 몇 개, 콜라나 빼빼로 같은 것들로 끼니를 때우기 일쑤였다. 미국에서 1년을 지내는 동안에는 1년간 콜라와 햄버거만 먹었고, 한인마트에 왜 그렇게 사람이 몰리는지 이해하지 못했다. 그렇게 건강은 안중에도 없이 생명만 유지하며 살던 어느 날, 물기가 남아 있는 욕실에 아무 생각 없이 들어가다가 심하게 미끄러지는 사고를 당했다. 남들이 보기엔 그저 꽈당 넘어졌을 뿐이었겠지만, 나는 그 엉덩방아로 인해 고관절이 골절되고 말았다.

검사를 하면서 알게 된 사실인데, 당시 나이가 30대 초반이었음에도 뼈 나이는 70대였고, 골다공증이 심한 상태였다. 고관절에 손가락만 한 대못을 세 개나 심고 나서 몇 달 동안 절뚝거리며 겨우겨우 조심하며 생활했다. 나는 항상 정신적인 풍요감을 갈망했다. 물질적으로 부유한 것, 내가 하고 싶은 걸 하는 것, 나를 위한 여유로운 시간, 타인에게 인정받는 것, 일의 성과와 성장 등이 내가 추구하는 가치였다. 하지만 무책임하게도 육체적 건강은 전혀 안중에 없었다. 정기적인 운동은 커녕 30년 넘게 거의 기아 상태로 내 몸을 방치했다. 착한 딸, 멋진 아내, 유능한 마케터가 되려고 열심히 살았건만, '사람 문수정'이 죽게 생겼는데, 멀티 페르소나이고 뭐고 간에 우선 나의 몸뚱아리부터 돌보는 것이 필요했다.

그때부터 내 몸을 위한 돌봄 스텝을 시작했다. 나의 식습관을 되돌아 보니, 먹지 말아야 할 정크 푸드가 많았지만, '먹으면 안 돼!' 하는 순간 더 먹게 될 것이라는 작용 반작용 법칙을 잘 알고 있었기에 나는 오히려 '먹자!'를 시작했다.

봄냉이의 맛을 아시나요?

세로토닌은 신경전달물질 중 하나로 기분 조절, 감정, 수면, 식욕, 기억 등 여러가지 생리적 및 심리적 과정에 중요한 역할을 한다. '행복 호르몬'이라고 불리는데, 특히 우울증과의 관계는 오랫동안 연구되어 왔다. 전체 세로토닌의 약 90%가 장에서 생성되는데 인스턴트를 많이 먹으면 장이 건강하지 못하고, 우울한 감정을 쉽게 느낀다. 식단교정이 우울증 치료제만큼 효과를 발휘하는 이유이다.

그래서 그때부터 인스턴트는 줄이고, 자연식인 "밥을 먹자, 국을 먹자, 야채를 먹자" 3종 스몰 스텝이 시작됐다. 밥은 반 그릇부터 먹기 시작했다. 일부러 맛집, 맛있다고 소문난 집을 찾아다니며 조금씩 재미를 붙여 나갔다. 오늘 먹은 음식을 기록하고, 소화가 잘됐는지, 기분이 어땠는지 남겼다. 나의 푸드 라이프는 서서히 달라졌다. 아직 빵을 많이 좋아하지만, 과자나 초콜릿은 눈에 띄게 줄었다. 이제는 보리밥과 청국장, 잘 익은 갓김치와 보쌈고기의 맛을 알고 즐기는 단계가 되었다.

오늘 아침부터 추적추적 내리던 비와 으슬으슬한 공기는 점심을 위한 작은 걸음조차도 귀찮게 만들었다. 하지만 이내 곧 일어난다. 그리고 기꺼이 먼 길을 찾아 나선다. 그렇게 찾아간 오늘의 점심은 냉이와 소라가 잔뜩 들어간 솥밥이었다. 통들깨가 아낌없이 듬뿍 뿌려진 샐러드와, 집어 먹기 좋게 한 켜씩 펼쳐 놓인 포기김치가 고맙다. 그렇게 눈으로 충분히 즐긴 후 시작한 식사의 마지막 한 숟가락은 가장 맛있는 한입이었다.

"아, 밥을 먹고 산다는 게 이런 거구나."

한 그릇을 그대로 비우고 나니 올까 말까 밀당하는 봄을 힘껏 잡아 끌어당긴 기분이다. 프랑스의 법학자이자 미식가인 앙텔름 브리야사바랭은 이렇게 말했다.

"네가 먹는 것을 알려 줘. 그러면 네가 누구인지 알려 줄게."

오늘의 나는 정성스럽게 손질한 봄 냉이였다.

가지덮밥과 한 걸음씩

    오늘은 신중하게 그중 제일 단단하고 실해 보이는 놈으로 골라 들었다. 윤기 나는 보랏빛을 지닌 가지는 한여름이 제철이라 가장 맛있다. 가지를 좋아하는 이유는 내 성격과도 비슷하다. 우선, 남들이 다 좋아하는 것보다는 소수만 좋아하는 것에 더 마음이 동한다. 일상적으로 가지를 좋아하는 사람보다는 싫어하는 사람이 많았던 것 같다. 우선, 우리 가족만 봐도 나 말고는 아무도 가지를 먹지 않는다.

그렇게 선택하는 사람이 적은 희소성(?) 덕분에 나는 가지를 더 좋아한다.

그리고 가지는 비교적 어떤 요리로 만들어도 고급스러워 보인다(주관적 착각일 수도 있다). 작은 찜기에 쪄서 온갖 양념장에 비벼 큼지막한 접시에 내놓거나, 그것도 귀찮으면 전자레인지에 푹 익을 정도로 돌려서 기본 양념과 들기름을 듬뿍 넣어 밥 위에 올리면 근사한 덮밥이 된다(물론 계란프라이까지 곁들이면 더 좋겠다). 어느 날은 가지를 슬라이스해서 살짝 프라이팬에 구운 후 올리브유와 발사믹을 뿌려 호밀빵을 곁들이니 멋진 브런치 메뉴가 되었다. 물론 이런 요리를 보고 딸은 괴기스러운 음식이라며, "엄마는 참 입맛이 특이하다"라고 요란스럽게 쳐다본다.

달콤한 가지의 맛

최근 부쩍 가지를 식탁에 올리는 일이 잦아졌다. 내 몸을 챙기겠다고, 좋은 음식을 몸에 넣겠다고 다짐한 이후로 양배추, 애호박, 알배추 등 다양한 채소가 컬리를 통해 아침마다 배달되고 있다. 그 중에서도 가지는 아무리 자주 먹어도 질리지 않아, 여러 방식으로 조리하며 요리하는 재미까지 붙었다. 도시락으로 싸 온 가지 덮밥을 빨리 먹고 싶어 시계를 쳐다보는 일도 생겼다.

이렇게 식습관을 바꾸는 스몰 스텝을 실천하기 전에는 식사 시간이라는 개념이 거의 없었다. 일하다 보면 밥 먹을 시간이 훌쩍 지나 있는 경우가 많았고, 아침부터 쫄쫄 굶다가 오후 4시쯤 허기를 느끼고 부랴부랴 밥집을 찾는 일이 허다했다. 어떤 날은 브레이크 타임이라 다시 나와야 했고, 또 어떤 날은 "조금만 있으면 저녁이니까 차라리 기다렸다가 먹자"며 허기를 달래기 위해 사탕이나 쿠키를 우겨넣기도 했다.

가지를 통해 되찾은 입맛은 '밥다운 밥'이 주는 맛있고 충만한 행복감을 알게 해주었다. 12시 30분이 되면 하던 일을 즉각적으로 멈추고(아직까지도 "이것만 더 하고…"라는 유혹이 나를 붙들지만, 그걸 끊어내는 연습을 하고 있다!) 밥을 먹는다. 나의 한 끼 식사를 위해 내가 직접 재료를 정성껏 씻고, 깨끗하게 손질하며, 슴슴하고 편안한 간으로 맞춘 오직 나만을 위한 한 끼를 준비한다.

속도를 늦추는 삶을 선택하다

그동안은 아무리 내가 먹을 음식이라 해도 요리하고, 차리고, 치우는 일체의 시간이 아깝고, 나의 에너지를 쓰는게 소모적이라고 생각해서 외식이나 배달음식으로 끼니를 때우곤 했다. 하지만 그런 음식들은 내 입맛에 너무 짜고, 간이 세고, 자극적이었다. 먹고 나면 속이 불편하고 졸리기도 하며, 집중력까지 떨어졌다. 그러다 보니 차라리 먹지 말자는 생각이 습관처럼 자리 잡았던 것 같다. 하지만 올바르게 잘 먹는 것을 경시한 결과는 결국 육체적으로나 정신적으로 가혹한 대가를 치뤄야만 했다.

속도를 늦추는 삶을 택한 후, 가장 크게 달라진 것 중 하나가 음식을 대하는 태도다. 이제는 음식을 만들거나 먹는 데 충분한 시간을 할애한다. 나를 위한 요리에 시간을 들이면 들일수록 내 몸이 즐거워하고, 행복해지는 것을 느낀다. 자연스럽게 군것질이나 사탕, 과자 같은 간식에 대한 욕구도 사라졌다. 신기한 경험이었다. 순간적인 감정이 폭발처럼 터져버리는 일도 점점 줄어드는 걸 느낀다. 매일 점심으로 가지 덮밥을 먹는 사람이 버럭 화를 내는 모습은 어울리지 않는다는 생각을 하며 혼자 피식 웃기도 한다.

나에게 맞는 편안한 식재료를 찾는 것은 나쁜 식습관을 놓아버릴 수 있는 전환점이 된다. 내게는 가지가 그런 존재였다. 문득, 붙잡고 있으면 안 되는 헤어진 남자친구를 끝까지 붙잡고 있었던 기분이 들었다. 가지와 함께한 작은 스텝이 나를 변화시키고 있다.

평범한 일상을 눈부시게

 매주 토요일 오전, 아침 겸 점심을 마치고 나면 늘 하는 습관이 있다. 연매출 20억이 넘는 사업체를 운영하느라 늘 눈코 뜰 새 없이 바쁘지만, 가사도우미를 쓰지 않는다. 누구에게 맡겨 놓아도 어차피 내가 해야 한다는 성격 때문이기도 하다. 살림만 하는 건 아니지만, 남이 내 살림살이에 손대는 것도 싫다. 그래서 귀찮고 번거로운 일과지만, 매주 토요일 오전에 하는 집안 청소는 내가 스스로 선택한 루틴이다.

우선 식기들을 식기세척기에 차곡차곡 넣어본다. 오늘은 주중에 건너뛴 설거지까지 있어 한 번에 다 들어가지 않는다. 세척기를 돌리면서 동시에 남은 프라이팬이나 냄비들을 돌아가는 소리에 맞춰 씻어낸다. 건조대에 수북이 쌓인 그릇들을 보니 벌써부터 기분이 좋다. 싱크대 세척용 수세미로 잔뜩 거품을 내어 싱크대와 하수구까지 깨끗이 닦아낸 후, 베이킹소다와 식초를 붓는다. 서로 부대끼며 '피식푸시식' 하는 소리가 설거지가 끝났음을 알린다.

청소의 단순함이 주는 즐거움

이제 방마다 다니며 빨래를 수거할 시간이다. 세탁기 옆에 빨래 수거함이 있음에도 여전히 딸의 옷은 자기 방 의자며, 침대며, 바닥에 마구 내동댕이쳐져 있다. 그녀의 자유로운 영혼을 그대로 보여주기에 그냥 받아들이기로 했다. 많지도 적지도 않은 세 식구의 빨래 중 가장 많은 비중을 차지하는 것은 수건이다. 수북한 흰 수건과 흰빨래를 먼저 세탁기에 넣고, 세탁실 문을 닫고 나온다. 그다음 차례로 색깔 옷과 발판들이 기다리고 있다. 아무래도 흰빨래가 먼저지.

이제 내가 제일 좋아하는 청소기 타임이다. 청소기를 돌릴 때는 마치 탐정이 된 것 같다. 눈에 보이는 곳보다 잘 보이지 않는 곳, 물건을 치워야 하는 곳을 뒤지듯 더 꼼꼼히 청소한다. 심지어 먼지를 더 잘 보기 위해 꼭 안경을 착용한다. 모서리나 틈에 숨은 먼지를 빨아들일 때는 이상한 쾌감까지 느껴진다! 청소기를 돌리고, 청소기 통에 모인 먼지를 비우고 탁탁 털어낸다. 제 역할을 마친 뒤, 먼지가 비워진 통을 품은 청소기는 다시 처음 그 자리에 선다.

중간에 세탁이 끝났다는 알림이 오면 흰 빨래는 건조기로 들어가고, 줄 서 있던 다음 차례의 빨래들이 마치 줄지어 목욕탕에 들어가는 모습 같다. 건조기 덕분에 빨래를 탁탁 털어 널어 말리는 일은 줄어들었다. 건조된 수건을 바로 개어 욕실장에 넣으면 되니, 완료할 수 있다는 성취감이 더해진다. 오늘은 어떻게 수건을 개는 게 더 꺼내기 편하고 예쁠지 유튜브에서 찾아봤다. 매일 하던 방식에서 벗어나

다른 시도를 해봤더니 낯설어 보이지만, 나름 합리적인 이유를 가진 가로로 긴 형태로 접어 올려두었다. 가족들이 뭐라고 할지 벌써부터 궁금해진다.

비워진 만큼의 배부름

가끔은 주말에 냉장고를 정리한다. 한참 지난 유통기한을 보며 시간이 참 빠르다고 느끼기도 하고, "이런 걸 내가 샀었다고?" 기억조차 없는 물건을 마주할 땐 섬뜩하기도 하다. 아무리 마다해도 채워 넣는 엄마의 손길이 "엄마는 왜 이렇게 음식을 많이 보내는 거야?" 하는 배부른 투정으로 바뀐다. 누구나 느끼는 감정들을 하나하나 되새겨본다. '언젠가는 먹겠지.' 하지만 그 '언젠가'는 좀처럼 오지 않는다는 것. 고민하지 말고, 오래된 것은 과감하게 버리자는 마음으로 시원하게 정리하고 나면, 비워진 만큼 배부름을 느끼니 아이러니하다.

걸레질 같은 건 집에서 삼겹살을 구워 먹은 날이나 하는 것이라 주말 루틴에는 포함되지 않는다. 그러니 이 정도면 이제 다 마친 것 같다. 주말이 다시 새롭게 시작되는 기분이다. 콧노래가 절로 나온다. 예전에는 이런 집안일 따위(?)를 중요하게 생각하지 않았고, 무감각한 상태로 가능한 한 스피디하게 해치워야 하는 to-do list일 뿐이었다. 하지만 지금은 이 과정에 충분한 시간을 주고, 그 시간을 하나하나 온전히 누린다. 나를 위한 시간, 내가 온전히 쉴 수 있는 이 공간을 정성껏 가꾸는 시간. 하나하나 차분하게 내 마음에 차게 정리해 나가니, 그만큼 내가 존중받고 살아난다. 청소를 하다 보면 눈은 먼지를 좇고, 손은 표면의 질감을 느끼며, 귀는 작은 소음들에 반응한다. 시각과 촉각, 청각이 동시에 깨어나고, 감각 자극이 되기 때문에 몸과 마음의 감각을 일깨우는 훈련이 된다. 그렇게 청소는 손을 움직이는 일로 시작해 어느 순간 마음까지 함께 쓸고 닦는다. 반복되는 동작 속에서 생각은 잠잠해지고, 지금 이 순간에 머무는 법을 배운다. 그렇게 청소는 삶의 한켠에서 조용히 명상이 된다.

자, 이제 커피 타임이다. 아니, 그러고 보니 저녁 샤워할 때 욕실 청소가 하나 더 남았구나.

요동치는 삶에서 평안한 삶으로

　모든 상황을 통제하고 싶어 했고, 극강의 효율을 추구하는 성격이었다. 특히 일의 성취에 대한 완벽에의 충동은 나를 육체적으로나 정신적으로 학대에 가까운 폭력으로 몰아넣고 있었다. 나의 기능의학 검사 결과를 본 의사는 내가 평상시 생활하는 몸 상태가 보통 사람이 감기에 걸려 시름시름 앓고 있는 상태와 동일하다고 했다. 장내 세균 문제로 면역력이 떨어져 항생제를 달고 살았고, 처방받는 약과 영양제는 10여 종이 넘었다. 원인을 알 수 없는 두통과 만성 피로감, 골다공증이 내 일상의 일부가 되어버렸고, 결국 이를 고친다는 건 포기한 채 그저 버티며 살아가고 있었다.

조절되지 않는 감정 장애로 인해 정기적으로 감정을 폭발시키기 일쑤였으며, 내 감정 때문에 주변 사람들은 항상 눈치를 봐야 했고, 나로 인해 힘들어했다. "안 되면 되게 하라." 식의 무대포 성향으로 나 자신뿐만 아니라 주변 사람들까지 밀어붙였고, 그들의 속도와 행동 방식을 전혀 공감하거나 이해하려 하지 않았다. 휴식이나 게으름을 나중으로 미룬 삶은 아이러니하게도 행복마저 지연시켰고, 만족과 감사도 뒤로 밀려난 불안한 삶을 가져다주었다. 어리석게도 나는 내 몸을 돌보지 않았고, 슬프게도 내 마음과 감정을 살피거나 알아채지도 못했다. 나약해지거나 성취하는데 방해가 된다고 생각되는 감정과 생각들은 무시했고, 묵혔으며, 해결되지 않은 채 뒤로 미루어버렸다.

비로소 나다운 길을 만나다

이런 내가 무엇보다 스몰 스텝을 만나면서 달라지기 시작했다. 그것은 내가 단순히 성취하는 것을 넘어, 나만의 오리지널리티, 즉 타고난 달란트를 바탕으로 타인에게 좋은 영향력을 끼칠 때 만족감과 행복을 느낀다는 사실을 알아챈 순간과 맞닿아 있다. 그래서 지금의 나는 속도와 성과보다 그러한 가치에 더 집중하는 삶을 살아가고 있다. 하지만 이것이 삶의 방향이 바뀌었음을 의미하지는 않는다. 방향은 그대로이지만, 속도를 늦추고, 늦춘 만큼 기다리는 쪽을 택했다. 이는 결과가 아니라 과정을 바라보는 시선과 자세를 변화시켰다.

성경에는 "생육하고 번성하라. 땅에 충만하라."라는 말씀이 나온다. 나는 이것이야말로 나에게 가장 맞는 가치이자 삶의 모토라고 생각한다. 나를 포함해 나와 함께하는 사람들이 정신적, 물질적으로 성장하고 풍요해져 삶이 날로 번영하는 것이 나의 소명이고 나의 길이라는 사실을 깨달았다. 그리고 내가 다시 압박에 휘둘리지 않도록 새로운 걸음을 내딛기 시작했다. 내게 그것은 바로 빼기, 덜어내기, 버리기, 늦추기, 머물게 하기의 방향을 가진 스몰 스텝이었다. 서서히 안온한 내가 보였다. 경직되고 뾰족했던 모서리들이 조금씩 말랑해지고 있음을 느낀다. 지금은 생전 처음으로 식자재를 꼼꼼하게 고르고, 새로운 음식을 만들고, 걷기에 시간을 쓰고 있다. 또한, 내 감정을 들여다보며 나와 대화하고, 운동을 다양하게 즐기기 시작했다. 가끔은 그림도 그리고, 책도 냈다.

가장 중요한 점은 이제 더 이상 감정에 예전만큼 심하게 휘둘리지 않는다는 것이다. 즉, 나를, 내 상황을, 내 환경을 있는 그대로 수용하게 되었다. 수용은 한마디로 마음가짐이다. 집착을 버리고 저항하지 않는 것이다. 모든 것을 통제하려는 아집을 내려놓고, 흘러가는 대로 두는 것이다. 주어진 모든 것에 만족하고, 내가 가진 것을 충분히 누리는 것이다. 내 운이 다른 사람을 통해 들어온다는 사실을 믿는 것이다. 모든 존재는 대자연이며, 또한 우주이다. 그렇기에 나를 포함한 타인을 존중하고 감사해야 하는 것이다. 나는 그것이야말로 나다움을 지키면서도 선한 영향력을 끼치는 삶이라고 확신한다.

목적없는 열심과의 이별

 사람들은 말한다. 작은 틈이 배를 침몰시킨다고. 그러나 나는 말한다. 삶이란 그렇게 작은 일탈로 쉽게 무너지지 않는다고. 사람들은 말한다. 뿌린 대로 거둔다고. 그러나 나는 말한다. 세상 모든 일이 그런 인과관계로 설명되지는 않는다고. 참으면 복이 온다는 말은 거짓이다. 오히려 하기 싫은 일을 억지로 하면 화병이 날 뿐이다. 돌다리도 두드려 보고 건너라고 하지만, 아무리 돌다리를 두드려도 인생은 결국 우연의 연속이다. 마지막으로, 사람들은 모든 일에 최선을 다해야 한다고 말한다. 그러나 목적 없는 열심은 미덕이 아니다. 그저 공허한 삽질일 뿐이다.

 그러니 이 글을 읽는 당신이 그동안 속해 있던 세계에서 빠져나오길 바란다. 매트릭스에서 깨어난 네오처럼. 세상의 오래된 틀에서 벗어나, 당신만의 삶의 방식으로 살아갈 것을 권한다. 내가 스몰 스텝을 통해 변화하고, 성장하고, 마침내 나다운 삶의 방식을 찾아냈던 것처럼 말이다.

조금예민한수다 (2)

나다움에서 우리다움으로 나아가는 법

스몰 스텝은 혼자 하는 것이지만, 함께할 때 더 힘이 난다. 내가 좋아하는 것을 매일 조금씩 실천하는 삶, 그것은 남과 비교하지 않고 나답게 살아가기 위한 작고 단단한 결심이다. 하지만 그 결심이 흔들릴 때, 누군가의 말 한마디가 다시 방향을 잡아주기도 한다. 그래서 우리는 수다를 시작했다. 이 수다는 거창한 담론이 아니다. 오히려 사소한 일상과 감정, 삶의 모서리에서 피어나는 생각들을 나눈다. 지금부터 펼쳐질 이 대화는 각자의 방식으로 '나다운 삶'을 꾸려가려는 세 사람의 솔직한 기록이자, 우리 모두의 이야기이기도 하다. 가볍게 시작했지만, 마음은 묵직해지는 수다. 그 속에서 당신의 이야기도 발견되기를 바라며, 천천히 문을 연다.

김세엽

저는 아이가 태어나고 나서 더 이상 저녁에 나만의 자유 시간이 없어지자, 그때부터 유일한 혼자만의 시간인 새벽에 일찍 일어나는 습관이 생겼어요. 그러다 최근에는 스몰 스텝 단톡방 중 미라클 모닝 루틴을 만드는 '미모틴'에 참여하게 됐어요. 똑같은 모닝 루틴이지만 누군가와 같이 한다는 건 완전히 달라요. 미모틴을 하면서 좀 더 새로운 경험을 하게 됐어요. 8명이 새벽 5시부터 함께 온라인에서 모였는데, 어쩌면 그렇게 새벽부터 눈빛이 초롱초롱한지, 그 의욕적인 모습이 정말 신기했어요. 그분들의 모습을 바라보면서 각자가 좋아하는 일들을 같이하니 정말 시간이 알차게 쓰이더라고요.

박요철

뭔가를 같이한다는 것은 일종의 선언 효과도 있는 것 같아요. 제게 페이스북에 글을 쓰는 이유도 비슷해요. 내 생각을 여러 사람 앞에 공표하면 그 내용을 일상에서 의식하지 않을 수 없거든요. 그러다 보면 스티븐 코비의 책 성공하는 사람들의 7가지 습관에 나오는 선순환의 나선 구조로 들어가게 되는 것 같아요. 사실 우리가 스몰 스텝을 하는 이유는 뭔가를 '꾸준히' 하기 위함 아닌가요? 그런데 뭔가를 지속하려면 가장 중요한 게 그 자체를 좋아하고 즐길 수 있어야 한다는 거예요. 만약 그 단계에 다다른다면 굳이 뭔가를 함께하지 않더라도 평생 지속할 수 있는 단계로 나아갈 수 있을 것 같거든요.

문수정

앞에서도 언급했지만, 저희 가족은 아무리 늦은 시간이라도 금요일 저녁엔 밤 10시든 11시든 상관없이 다 같이 모여 야식을 먹어요. 이 금요일 야식은 이제 가족의 문화로 자리 잡혔어요. 초기엔 "이런 늦은 시간에 먹으면 안 되는데 또는 업무상 필요한 술약속을 잡아야 하는데"라고 생각했는데, 그러다 보니 일종의 강박이 생기고 먹으면서도 스트레스를 받더라고요. 그런데 남편과 아이가 가장 좋아하는 시간이고, 우리 가족만의 특별한 공감대가 형성되는 시간이니 우리는 너무 행복해요. 이런 저런 대화를 나누며 가족간의 관계가 강화되는 경험을 해요. 소박한 시간이지만 제법 단단한 힘을 얻지요. 우리나라의 식구(食口)라는 의미가 '같이 밥먹는 입'이란 뜻이잖아요. 온가족이 한 밥상에서 같이 식사하는 경우가 줄어들고, 가족의 붕괴라는 단어가 오르내리는 지금의 시대에 같이 하는 한끼의 의미가 남다르게 다가와요. 그래서 그 시간은 충분히 갖기로 했어요. 과식을 했다 싶으면 다음 날은 속을 비우고 가벼운 음식을 먹는 식으로 조율하죠.

이런 소소한 시간은 일주일 동안 열심히 살아낸 저 자신에게 주는 일종의 격려이기도 해요. 아마도 제가 워낙 성취를 중요시하는 사람이기 때문에 이런 작은 세리머니 같은 걸 하는 것 같아요. 사실 저는 평일에는 술이나 야식을 거의 안 해요. 하지만 금요일에는 그냥 지나치지 않고 저 자신에게 소박한 보상을 슬쩍 해주는 거죠. 고급 음식이나 비싼 와인은 필요 없어요. "너 정말 수고했어! 우리 모두 잘했어!" 이 말 한마디를 위한 시간을 가졌다는 게 중요해요.

박요철

말씀하신 대로 스몰 스텝은 억지로 해서는 안 된다고 생각해요. 내가 좋아하는 것, 내게 어떤 힘을 주는 일종의 '드라이빙 포스(Driving Force)'가 되어야 한다는 거죠. 그 원칙에는 지금도 변함이 없어요. 금요일에 치맥을 하는 것도 그래요. 건강에 나쁜 영향만 주지 않는다면 그것도 괜찮은 삶이고, 좋은 삶 아닌가요? 그런 시간을 통해 에너지를 얻을 수 있다면 그것도 일종의 드라이빙 포스인 거죠. 치맥은 건강에 좋지 않으니 절대로 피해야 한다는 건 일종의 의무적인 리추얼일 뿐이에요.

문수정

무엇보다 나와 타인의 기준을 구별할 수 있어야 한다고 생각해요. 예를 들어, 아침에 일어나는 건 좋은 습관임에 분명해요. 하지만 저한테는 그게 절대 맞지 않더라고요. 저는 아침잠을 줄이면 오히려 하루의 집중도가 떨어지고 좋은 의사결정에 방해가 됐어요. 그래서 최소 8시간은 충분히 푹 자려고 하고, 굳이 아침에 이른 기상을 하려고 하지 않아요. 그럴 때 훨씬 더 명료하고 반짝반짝한 하루를 살아요. 그러니 타인의 성공 방식을 배척할 필요도, 그렇다고 맹목적으로 받아들일 필요도 없는 거죠. 그저 나다운 방식에 맞게 기준을 세우고, 그 질서 가운데 살아갈 때, 나와 내 주변사람 모두에게 유익을 주는 것이 진짜 스몰 스텝이라고 생각해요.

박요철

우리가 맛집을 찾아다니는 것도 비슷하다고 생각해요. 네이버에서 검색해서 찾아가는 맛집은 나의 맛집이 아니잖아요. 냉정하게 얘기해서 나만의 맛집을 이야기하려면 적어도 50번, 100번 좋아하는 메뉴를 찾아간 후에야 말할 수 있는 것 아닌가요? 그런데 우리는 많은 경우 그렇게 살아가요. 나다운 것을 찾기보다 유행과 트렌드를 쫓아가죠. 나답다는 건 그렇게 거창하고 대단한 게 아니라고 생각해요. 숱한 실패를 거쳐 나만의 맛집을 찾아낸 사람이야말로 나다운 삶을 살고 있는 거죠.

김세엽

내가 좋아하는 것이 무엇인지, 내가 힘을 얻는 활동에는 무엇이 있는지, 또 무엇을 할 때 가장 신이 나는지를 아는 게 정말 중요하다고 생각해요. 제게는 그게 타인과의 소통이었고, 가장 많이 좌절을 느끼는 부분도 타인이 내 이야기에 관심이 없다고 느낄 때였어요. 소통이 안 되면 뭔가 꽉 막힌 듯한 느낌을 받고 스트레스를 받더라고요. 반대로 무심코 던진 말에 상대방이 공감해 주면 남녀노소를 불문하고 진짜 친구가 된 것 같은 기분이 들어요. 깊은 관계, 길게 가는 관계가 아닌데 그것이 왜 기쁠까 고민한 적이 있는데, 어쩌면 쓸데없는 고민일지도 몰라요. 그 관계, 그 순간이 온전히 길게 내 것이 아니더라도 저는 진정으로 통하는 그 순간을 즐긴다면 거기에 무슨 이유든 있지 않을까요?

박요철

저는 저만의 방식으로 타인과 소통하고 있는 것 같아요. 의미 없는 회식 자리에선 오히려 에너지를 빼앗기는 기분이 들거든요. 그런데 어떤 목적을 가지고 글을 쓰고, 그에 대한 댓글이나 피드백을 어느 정도 즐기는 것 같아요. 내가 하는 일에 대한 당위성과 재미를 찾아가는 저만의 방식인 거죠.

저는 회식을 하고 나면 꼭 한두 시간씩 나만의 시간을 가지는 편이에요. 분주함에서 빠져나와야 본능적으로 안심이 된달까요. 제 친구는 운동을 정말 좋아해요. 그런 식으로 스트레스를 해소하는 거죠. 그런데 그 친구에게 일주일 내내 매일 글을 쓰라고 하면 절대 못할 걸요. 자기다운 걸 아는 사람은 훨씬 적은 노력으로 큰 만족을 얻을 수 있어요. 제게는 운동이, 친구에게는 글쓰기가 자기다움이 아니니 힘은 몇 배로 들면서도 성취감은 상대적으로 작을 수밖에 없는 거죠. 그런데 우리나라는 이렇게 자신을 성찰하고 스스로를 발견하는 교육이 너무 부족하다고 생각해요.

김세엽

채사장이라는 작가가 쓴 시민의 교양이라는 책을 읽다가 놀란 적이 있어요. 우리가 받은 12년 동안의 교육의 핵심은 국어, 수학, 영어 같은 내용이 아니라 사실은 교육의 형식이라는 것이었어요. 그 형식에도 두 가지가 있는데, 그중 하나는 '절대 진리는 있다'예요. 교과서를 공부하며 답은 하나라는 전제를 주입받게 되는 거죠. 또 다른 하나는 시험을 통해 등수를 부여하고, 그 맨 꼭대기에 있는 사람에게 특권을 주는 '경쟁'이라는 형식이에요. 우리 사회의 아주 기본적인 시스템을 이루는 이 두 가지 형식을 철저하게 학습해 왔던 거죠.

그런데 절대 진리를 전제하고 서로 경쟁하는 이런 시스템은 우리에게 스트레스를 줘요. 한 가지만이 답인 그 불통의 모습, 남들과의 경쟁에서 무조건 이기려고 노력하는 과정에서 우리는 점점 나다운 모습을 잃곤 하거든요.

문수정

저는 신이 '나'라는 사람을 만들어 이 땅에 보낼 때는 뭔가 이유와 목적이 있었을거라고 생각해요. 우리가 살아가면서 꼭 거쳐야 할 인생 과제는 내가 세상에서 쓰이는 방식, 즉 나의 쓸모를 발견하는 과정이 아닐까 싶거든요. 나만의 고유한 쓰임을 찾고, 그것으로 세상에 긍정적인 변화를 가져온다면 이는 자기답게 살면서도 동시에 세상에 공헌할 수 있는 조화로운 삶을 살아가는 방법이죠. 이런 쓸모는 사명이나 메시지, 결국 브랜드라고도 표현할 수 있겠어요. 스몰스텝이란 결국 '나답게 사는 방법'이고, 그런 삶을 살아가는 하나의 방식이라는 사실을 알게 됐어요. 다른 사람과의 '다름'을 이해하게 되고, 그런 '차이'를 시작으로 다른 사람에게 가치를 제공하게 될 때 그 사람만의 차별점이 되며, 차별점이 생기는 순간 브랜드로 인식될 수 있다고 봅니다. 나다움이 브랜드가 되는 과정이죠.

박요철

브랜드만 해도 그래요. 좋은 브랜드란 결국 차별화된 특장점을 반드시 가지고 있어야 하거든요. 그런 장점들이 제품이나 서비스로 표현되는 거고요. 만일 내가 도끼를 만든다면 최고의 도끼를 만드는 것만으로는 브랜드가 될 수 없어요. 세상이 필요로 하는 도끼를 만드는 게 중요하죠. 내가 할 수 있는 영역과 세상이 필요로 하는 영역의 교집합에서 비로소 나다운 무언가, 즉 브랜드가 만들어진다고 생각해요.

많은 사람이 나다움, 자기다움을 얘기하면 뭔가 골방에 들어가 연구하는 것으로 오해하는 경우가 많아요. 절대 그렇지 않다고 생각해요. 내가 추구하는 어떤 가치가 남들에게 전해지고, 그 과정에서 피드백을 받아 변화했을 때 비로소 나다워질 수 있다고 생각하거든요. 그런데 나 자신을 모르면서 어떻게 세상의 필요를 발견할 수 있을까요? 예를 들어, 남들이 좋아해서 부와 명예를 쫓아가다가 결국 자기 자신조차 잃어버리는 사람들이 얼마나 많은가요?

문수정

언젠가 직원들과 이 회사를 왜 다니는지를 두고 얘기한 적이 있어요. 그런데 누군가가 저를 보고 제 옆에 있으면 그래도 계속 발전할 것 같다고 하며 늘상의 모습 속에서 신뢰를 얻는다는 거예요. 제가 스스로를 과하게 몰아부치던 때도 있었지만 늘 나아가려는 방향성이 함께 하는 이들에게 그 가치가 전달이 되고, 그들이 인정하는 시간이었죠. 예전에는 성실함에 대해 원인모를 죄책감을 느끼기도 했지만 어쨌든 그 꾸준함과 나아짐이 정말 나다운 모습이거든요. 외적으로 이룬 큰 성공사례를 가지고 동기부여하지 않아도 작은 일상의 모습에서 타인에게 긍정적인 영향을 줄 수 있구나 깨달은 순간이었습니다.

박요철

한 가지 조심할 점은 "나의 존재가 외부에 영향을 끼친다"라는 것이 반드시 크고 대단한 것이 아니어도 된다는 거예요. 어떤 사람은 회사를 키우고, 수많은 직원을 고용하는 데서 삶의 의미와 보람을 찾는 경우도 있어요. 그런데 저는 그런 삶이 좀 피곤할 것 같거든요. 나 혼자 일하는 것도 이렇게 힘든데, 수십, 수백 명의 직원을 거느리는 삶은 얼마나 힘이 들까요. 뭔가 치열하게 살고, 커다란 성취를 추구하는 사람은 따로 있더라고요. 그런데 모두가 그런 삶을 살아야 할 필요는 없지 않을까요? 금요일에 맥주 한 캔 마시고 행복할 수 있는 것도 나름 괜찮은 삶, 나쁘지 않은 삶이라고 생각하거든요.

문수정

집에서 제 별명이 '705호 손님'이에요. 저희 집이 아파트 705호거든요. 주말에 점심 무렵까지 늦잠을 자는 저를 깨우며 남편이 "705호 손님~! 밥은 안 드세요?" "청소해도 될까요?"라고 장난처럼 묻곤 해요. 그럴 정도로 저는 집에 있는 걸 좋아해요. 중소기업 대표이니 주말에는 꼭 누구를 만나고, 골프를 쳐야 하고, 산을 올라야 한다고 생각하지 않아요. 저는 싫어하는 걸 못 하는 사람이거든요. 예전같으면 억지로라도 몸을 이끌고 따라갔어요. 하지만 이제는 대표들이 모인 비지니스 공간이 아닌 705호라는 나만의 공간에서 나와 생각이 맞는 사람들과 언택트 교류를 하고, 다양한 글을 쓰고, 사유를 해요. 하고 싶은 것을 향해 나아가는 용기있는 스텝에 힘을 실어주기 때문이에요. 그 과정을 통해 나를 보호할 수 있고, 나는 존중받아요. 온전히 나를 만날 수 있어요. 이 얼마나 좋은가 싶거든요.

박요철

제가 행안부와 함께 일하다가 우연히 공주에 있는 청년마을을 찾아가게 됐어요. 그런데 이 동네는 자기만의 삶의 속도로 살아갈 수 있는 커뮤니티가 잘 갖춰진 곳이더라고요. 공주는 그중에서도 약간 느린 속도로 삶을 살아가는 사람들이 모인 곳이에요. 이곳에는 서울의 대학에서 교수 생활을 하다가 귀농 겸 내려오신 분들이 적지 않았어요. 그래서 무슨 모임에 참여해 보면 다 박사이고 판검사 출신인 거죠. 더 놀라운 사실은 이제 청년들이 기꺼이 이런 지방으로 내려간다는 거예요. 그곳에서 나름의 삶의 대안을 찾는 거죠. **이 친구들은 이렇게 이야기해요. "나는 쟤네들이랑 경쟁하지 않겠어. 그냥 내 삶의 가치를 찾아보겠어." 이렇게 생각하는 젊은 친구들이 의외로 많더라고요.**

경쟁이 나쁘다는 게 결코 아니에요. 그런데 노래를 불러도 경쟁하고, 심지어 연애를 하면서도 경쟁하는 건 좀 심하다 싶을 때가 있어요. 물론 그런 경쟁을 즐기는 사람들도 있겠죠. 그러나 또 다른 누군가는 좀 피곤해할 수도 있지 않을까요? 우리는 은연중에 최고가 되는 것, 단 하나의 길밖에 없다는 생각에 지배당하고 있는지도 몰라요. 흔히 말하듯 서울대에 가거나 삼성에 입사해야 완전히 행복해질 수 있다고 믿는 거죠. 그러나 그건 대단한 착각이거든요. 그런데 요즘 세대들은 다른 것 같아요. 이들은 "최고가 꼭 하나일 필요는 없다"고 생각하는 것 같아요. 유튜브만 봐도 자기만의 스타일로 살아가는 사람들이 얼마나 많은가요? 저는 그런 사람도 존중받는 세상이야말로 흔히 말하는 선진국이지 않을까 생각합니다.

문수정

경쟁에서 이기는 삶, 과한 경쟁에서 벗어나려는 세대들이 원하는 것이 단순히 경쟁 환경으로부터 탈출하거나 복잡하고 다양한 관계를 단절하는 것은 아닐거에요. 시골에 귀농해도 '대기업 다니는 대학동기 누구보다 더 잘 살아낼 거야' 하는 순간 또다른 경쟁구도에 들어가는 거잖아요. 경쟁하지 않는다는 것은 환경이나 상황에 영향을 받지 않는 것이 아니라, 나와 타인과의 진정한 연결이 될 때 가능하다 생각합니다. 무슨 뜻이냐면 **나다움으로 타인과 좋은 관계를 만들고 그들에게 가치를 제공하고, 기여하는 관계가 된다면 그 안에서 어떻게 경쟁 구도가 나오겠어요. 상호 기여하는 그런 단계는 '경쟁이 없는 단계'가 아닌 '경쟁하지 않는 단계', 즉 진정으로 교류하는 소통의 단계라 생각합니다.**

박요철

그게 브랜딩의 핵심이 아닐까 싶어요. 진짜 성공한 브랜드들은 사실 소비자들과 좋은 관계를 만들어가는 회사들이거든요. 그 과정에서 신뢰를 얻고 또 진정성을 얻는 거죠. 세상과 제대로 관계를 맺고 소통할 수 있는 브랜드가 자기다움을 가진 브랜드이고요.

김세엽

저도 세상과 소통하는 방법을 찾아야겠네요. 그리고 거기서 한 발짝 더 나아가고 싶어요. 다른 사람들의 마음에 한 조각 기쁨을 줄 수 있는 사람, 그런 사람으로 살고 싶어요. 그런 삶이 제 정체성이기도 하고요.

문수정

자기다움으로 브랜드가 되는 것은 다시 말해 자기 자신이 누구인지 알 때 가능하죠. 그런 면에서 "너 자신을 알라"는 소크라테스의 격언은 인간이라면 반드시 죽기 전까지 깨달아야 할 성찰의 주제가 아닐까요? 자신의 가치관, 욕구, 한계를 이해하면 삶의 중요한 선택에서 더 현명한 판단이 가능하니까요. 내면의 기준이 세워놓지 않으면 결국 외부의 기준이나 사회적 압박이 기준이 되니 흔들릴 수밖에 없어요. 상대적으로 남과 비교해야 하고, 사회적 원칙으로 평가받아야 하고, 결국 수동적인 삶이 될 수밖에 없어요.

반면, 나의 내면의 기준을 실천하며 살아가는 사람들은 자기 주도성을 가지고 긍정적으로 세상을 바라볼 수 있어요. 자기긍정과 타인긍정의 관점이 있을 때 자신의 고유함과 세상의 필요가 연결됩니다. 이는 자연스러운 시너지를 일으키고, 의미 있는 방식으로 활용될 가능성이 높아지죠. 브랜드로 자리잡는 단계입니다. 휴먼 브랜드는 유명세와는 또 다른 의미라 봅니다. 무명(無名)이나 익명(匿名)이라 하더라도 자신을 지키며 타인에게 기여하고 있다면 브랜드로 인식될 수 있다고 생각해요.

김세엽

나다움과 세상의 필요가 만나는 것이 정말 궁극적인 기쁨일 수 있겠네요.

문수정

나의 것으로 세상에 기여를 하는 것이 아니라 세상의 어떤 것과 맞바꾸는 방식으로 삶을 바라보면 그 삶은 얼마나 피곤할까요? 모든 것을 일종의 거래로 생각하는 그런 삶 말이에요. 그건 스스로 불쌍한 삶이고, 불행한 삶이지 않나 생각합니다. 우리는 사회 속 다양한 무리에 속해있기에, 나다움을 지키면서 조직의 한 구성원으로서 역할을 해내려면 필연적으로 기여에 대한 인식과 더불어 상호 이해와 양보가 필요할 것 같습니다.

김세엽

어느 날 휴직 후 새로 가게 된 부서의 국장님이 직위 해제 상태여서 이유를 물었더니, 회식 자리에서 남은 술을 따라주는 과정에서 성희롱으로 고발을 당하셨더군요. 옛날 사람들은 이런 분위기에 익숙해서 즐기진 않았지만 그냥 참고 넘어갔는데, 요즘은 정식으로 문제 제기를 하는 편이에요. 여러 명이 고발을 해서 지금 징계 절차 중이라는 얘기를 들었어요. 인식이나 문화가 많이 바뀌고 있고, 바로 행동이나 실천으로 이어지는 분위기여서 참 많이 달라졌고, 바뀌고 있구나 하고 느꼈어요.

박요철

저는 조직이나 권위가 매우 불편한 사람이었어요. 한 번은 직장에 갔는데 상사가 나보다 어린 거예요. 그런데 대뜸 반말을 해서 끙끙 앓았던 적이 있거든요. 사실 어떤 사람은 이러한 조직 생활의 생리에 금방 적응하는 반면, 그렇지 않은 사람도 있는 것 같아요. 그래서 무례한 사람에게 웃으며 대처하는 법 같은 책도 크게 공감을 얻었던 것 같고요. 다만 저는 그런 조직 생활이 서툴러 꽤나 애를 먹었던 것 같아요.

문수정
예전에 직원들이 힘들다고 토로한 적이 있었어요. 제가

일하는 속도가 빠르고, 쉬지 않고 달려나가니 버겁고 지치고 숨막힌다는 그런 말이었어요. 그래서 새로운 계약 얘기가 오고 가는 클라이언트가 있었는데, 안 하겠다는 결정을 내리기도 했어요. '내실을 다지는 시기를 갖자, 진솔한 얘기도 하자'하며 대화의 시간을 많이 가졌었습니다. 타인에게 개인적인 관심을 갖는 것은 제가 좋아하거나 잘하는 영역이 아니에요. 하지만 이건 나다움의 영역을 넘어 리더로서 갖춰야 하는 덕목이라 생각하고, 그들의 마음을 더 헤아리고 공감하려고 노력하고 있어요. 일종의 연민도 생기고요.

직원들이 힘들다고 하는 게 제가 너무 열심히 한 탓이라는게 좀 혼란스럽긴 했지만 그런 장점 덕분에 지금까지 회사를 키워올 수 있었던 점은 부정할 수 없었죠. 물론 주변을 돌보지 않고 혼자 독불장군처럼 일했다면 그것은 잘못됐다고 생각해요. 하지만 장점과 단점은 동전의 양면과 같아 항상 두 가지가 함께 공존합니다. 이를 해석하는 관점이 상황과 대상에 따라 저의 본성이 어느 경우엔 추진력이라는 장점으로, 어느 경우엔 독불장군이 되기도 하죠. 이는 타인을 얼마나 수용하느냐에 따라 그 차이가 달라진다고 생각해요. 그래서 지금은 나다움의 특성을 발휘하되, 동전의 양면성을 고려해 융통성을 발휘하고, 타인과 균형을 맞춰 나가는 것이 필요한 시기라고 생각합니다.

박요철

저는 글쓰기를 좋아하고 상대적으로 조금 더 쉽게 쓰는 편이에요. 그런데 사람들이 달리기를 잘하는 사람과 글을 잘 쓰는 사람을 바라보는 모습이 조금 다르다고 생각해요. 무슨 말이냐면, 달리기는 원래 저 사람이 잘 달린다고 인정하고 따라 하려 들지 않는 반면, 글쓰기는 노력만 하면 따라 할 수 있다고 생각하는 사람이 많은 것 같거든요. 한마디로 글쓰는 능력을 달리기만큼의 능력이나 타고난 재능으로 인정하지 않는다는 인상을 받아요. 배우기만 하면 자신도 잘 쓸 수 있다고 생각하는 사람이 많은 것 같거든요.

그런데 저는 10분 만에 한 편의 글을 뚝딱 써내는 능력이 타고난 것이 더 많다고 생각해요. 물론 15년간 글쓰기를 훈련한 결과이기도 하지만, 글쓰기 수업이나 강연을 통해 배울 수 있는 건 제한적이라고 보거든요. 제 말의 요지는 사람마다 타고난 것들이 다 다를 수밖에 없다는 거예요. 그런데 그걸 인정하는 방식이 분야마다 꼭 동일하지 않더라고요. 우사인 볼트를 보고 "나도 배우면 저만큼 달리겠지"라고 생각하는 사람들은 거의 없잖아요.

저는 달리는 게 힘들고 어려운데, 그걸 나름의 방법으로 즐기는 친구들도 있어요. 하지만 저는 달리기 대신 글쓰기가 그렇게 쉽고 편하거든요. 그래서 대단한 목표 의식이나 동기부여 없이도 꾸준히 글을 쓸 수 있는 것 같아요. 저희 아들도 마찬가지예요. 하루에 10시간씩 연습실에 틀어박혀 있어도 아무렇지도 않아 해요. 저라면 좀이 쑤셔서라도 그렇게 못할 텐데 말이죠. 조직 생활도 마찬가지라고 생각해요. 남들보다 특별히 더 잘 적응하는 친구들이 있게 마련이거든요. 수정님도 수정님답게 대표 일을 해야 한다고 생각해요. 타고난 모습대로 일할 수 있어야 제대로 된 리더십을 발휘할 수 있지 않을까요?

김세엽

야마구치 슈의 '어떻게 나의 일을 찾을 것인가'라는 책을 보면 '아노미'에 대한 이야기가 나오는데, 저는 보통 질서가 없는 혼란 상태를 아노미라고 알고 있었어요. 그런데 여기서는 아노미를 '무연대'라고 정의하더라고요. 전통적 규범이나 조직 문화는 사실 암묵적으로 동의된 상황이었잖아요. 그래서 예전에는 그 문화에 철저히 동조하며 상사가 술을 먹자고 하면 먹고, 조직 문화에 반기를 드는 사람도 없었어요. 아노미가 없는 상태는 좋든 싫든 이렇게 그 규범에 동조하는 상황이에요. 그런데 제대로 된 소통이 없으면 연대는 언젠가 깨지게 되어 있어요. 요즘은 그게 가속화되는 것 같고요.

어쩌면 직원들이 수정님의 일하는 모습을 보고 스스로 무능한 것 아닌가 하는 두려움에 속마음을 제대로 표현하지 않고 "숨 막힌다"라고 표현할 수도 있어요. 왜 성장 욕구가 없었겠어요. 대표님을 닮고 싶은 마음도 있었을 거라고 생각해요. 그런데 일종의 연대감이 느슨해진 이유로 이런 어려움이 생긴 것 아닐까 싶어요.

사실 가족이나 오래된 조직처럼 강하고 단단한 연대가 힘이 커 보이지만, 실상은 그렇지 않을 수도 있어요. **본질은 유지하면서도 서로 동등하고 평행한 관계를 기반으로 한 것이 오히려 본질적이고 오래 가요. 서로의 본질을 비춰주는 강의나 글을 공유하고, 솔직한 마음으로 공감하며 소통하는 문화가 만들어지면 현재의 아노미 상태를 충분히 해결할 수 있지 않을까요?** 이렇게 본질적 교류가 가능한 소통의 방법이 일상화되면 느슨한 연대로 갈 수 있지 않을까 하는 생각이 들었어요.

박요철

일종의 약한 유대 관계의 힘인 셈이군요. 예를 들어 트레바리 같은 독서 모임이 잘되는 이유도 그런 이유 때문 아닐까요? 다양한 단톡방이나 커뮤니티가 활발한 이유도 저마다의 연대에 관한 욕구를 채워주고 있기 때문이 아닐까 싶거든요. 어쩌면 이게 시대의 필요가 아닐까 하는 생각도

들어요. 예전에는 대가족 같은 지연이나 학연 등으로 굉장히 긴밀하게 연결된 사회와 문화에서 살았잖아요. 스몰 스텝만 해도 그래요. 혼자 할 때보다 함께할 때 오는 힘이 크잖아요. 우리가 지금 나누는 대화도 그런 종류의 욕구가 채워지기 때문이라고 생각해요. 세엽님이 말씀하신 연대가 이런 것 아닐까요?

김세엽

사실 어느 정도 사회·문화적인 규제나 단결성을 강조하기보다 개인을 더 자유롭게 풀어주면 좋겠지만, 한편으로는 꼭 그렇지만도 않았어요. 연대감을 잃고 고독감에 힘겨워하며 사회를 표류하는 현상이 일시적으로 나타나기도 하거든요.

문수정

옛날에는 그런 소속감을 주는 대표적인 곳이 직장뿐

이었던 것 같아요. 가장 시간을 많이 보내는 공동체이고, 내 신분의 대표성이 되는 그런 커뮤니티였으니까요. 그런데 지금은 달라요. 이제 직장보다 직업의 개념이 강화되면서 오히려 직장에 대한 소속감보다는 보다 다양한 방향으로 연대 욕구가 등장하고 있다고 생각해요. 업을 넘어서 동일한 취향과 개성, 생각을 공유할 수 있는 커뮤니티나 연대 등이 많이 활성화되고 있는 것이 그 사례이죠. 이제는 학연, 지연, 혈연과 같이 어느 정도 부여된 관계에서의 연결성은 줄어들고, 나의 관심사, 취향, 흥미를 기반으로 내가 선택하는 유동적인 관계의 연결성이 더 강화되는 시대가 되었습니다.

이는 자칫 직장에서의 연대감을 소홀히 해도 될만한 사회적 근거를 제시하는 듯 보입니다. 하지만 여전히 직장에서의 연대욕구는 중요합니다. 왜냐하면 **직장이나 기존의 조직같이 주어진 공동체는 때로 나의 가치관이나 취향과 다를 수 있지만 이런 환경 속에서 건강한 연대를 만들어가는 것은 자기 이해가 확장되고, 직장은 나의 강점 발휘를 가장 많이 하는 곳이기에 내가 더 넓은 사회에서 나다운 삶을 지속**

적으로 유지하는데 필요한 사회적 기반과 정서적 지지를 제공해주기 때문이죠. 한 방향의 연대를 고집하기 보다 다양한 연대의 형식을 이해하고, 선택적 관계와 주어진 관계 속 연대의 균형이야말로 진정한 자기다움을 지속할 수 있는 핵심이 되지 않을까요?

에필로그

과정이라 여겼던 것, 모두 작은 완결이었음을 _김세엽

 오늘 아침, 아이의 영어 단어를 체크해 주다가 참았던 잔소리를 터뜨렸다. 아이의 영어 단어 암기를 아침 10분 정도 도와 주기로 했는데 하루, 이틀 지나자 제시간에 나와 앉아 준비하지 않았다. 오늘도 한참 늦게 나와서는 잠이 덜 깬 듯 가만히 앉아만 있자, 바쁜 아침에 나도 신경이 날카로워졌다. 이런 식으로 하면 곤란하다고 슬쩍 한마디 하자

아이도 지지 않고 아침이라 피곤해서 그런데 왜 그렇게 화를 내냐며 맞섰다. 순간 억울함과 서운함, 분노가 폭풍처럼 일어나 가슴이 불이 난 것처럼 뜨거워졌다. 화가 한동안 가라앉지 않아, 잠시 반려견을 데리고 산책까지 다녀왔다. 마음을 가라앉히고 돌아오니, 아이는 이미 등교하고 없었다.

과정을 끝까지 즐길 수 있을까

가슴속의 뜨거운 불이 가라앉고 나서 알았다. 나는 속으로 "내가 이걸 언제까지 계속해야 해!" 라는 생각에 사로잡혀 있었고, 이 생각이 나를 화나게 만들었다는 것을.

팀장으로 동사무소에 발령받아 첫 근무를 시작했는데, 두 달쯤 지나 한 직원과의 의사소통이 나를 지치게 했다. 그는 내가 업무에 대한 지시를 하면 다음 날 문득 다시 그 지시가 무엇이었는지 되묻거나, 어느 정도 진행된 것 같은데도 명확한 일정이나 중간 보고를 하지 않았다. 어떨 때는 중간 결과를 알려 주지도 않고 "이 부분은 어떻게 할까요?"라며 지속적으로 내 피드백을 요구하기도 했다.

며칠 곱씹어 본 끝에 깨달았다. 나는 그 사람이 맡은 일이 어디까지 어떻게 진행되고 있는지 모호했고, 계속해서 주의를 기울이고 신경 써야만 한다는 느낌이 자주 들었다. 역시 나는 '도대체 이 일을 언제까지 계속해야 할까?'라는 생각을 하며 스트레스를 받고 있었다.

내가 불안이 많은 사람이라서일까? 끝나지 않고 계속되는 상황을 유독 참기 어려워한다. 과정을 즐긴다는 것은 내게 참 어렵다. 일이 계속되고 앞이 보이지 않는다는 느낌이 들면 스스로를 의심하게 되고, 주위의 평판에 예민해지곤 하기 때문이다. 그래서인지 이전에는 마음속에 쉴 새 없이 밀려드는 타인들의 평가에 삶이 마구 휘둘리곤 했다.

보편적 삶이라는 함정

그러던 중 발견한 스몰 스텝. 스몰 스텝은 결과를 기대하지 않고, 그저 한 발 한 발 내가 좋아하는 일들을 흔들림 없이 하면 되는 거였고, 그 과정을 그냥 즐기는 것이라는 점에서 내 마음의 안식처가 되어주는 느낌이었다. 그러나 스몰 스텝으로 한 발 한 발 나아가는 도중, 일상에서 다시 나는 위에서처럼 작은 장애와 의문에 부딪히기도 한다. 과정을 좀 더 즐길 수 있게 된 것은 좋은데, 이 길이 날 좋은 결과로 이끌어 주지 않는다면 어떻게 해야 할까? 라는 의문이 들기도 하는 것이다.

우리는 어린 시절부터 공부 잘해서 좋은 학교와 안정적인 직장을 다니고 결혼과 자녀 교육에 이어지는 궤도를 충실히 따르는 것이 보편적인 삶이라 여기고 있었다. 그러나 말이 쉽지, 평범한 삶의 모습도 실제로 단계 단계마다 걸어가다 보면 무수한 어려움에 부딪히고 좌절하게 되는, 참 도달하기 어려운 길이다. 누구나 공부에 올인하는 시기, 그 중에서 좋은 성적을 내긴 얼마나 어렵고, 몇 안 되는 안정적인 직장에 무수한 경쟁률을 뚫고 들어가긴 또 얼마나 어려운가, 또 좋은 배우자를 만나 결혼을 잘하기도, 자녀들을 낳아 기르는 과정 중에도 예측하기 어려운 순간들을 무수히 만나게 된다. '평범하게 살기가 가장 어렵다.' 라는 말이 이쯤 되면 이해가 간다. 나는 완결을 좋아하는 사람이지만, 사회가 인정하는 범위 내의 평범한 인생 단계의 완결을 차근차근 이뤄내는 것이 너무 힘에 버거웠다.

작은 완결을 즐기기 시작하다

어른되기, 독립하기, 좋은 직장 구하기, 성공하기, 좋은 부모되기, 부자되기, 행복해지기…. 가만히 생각해 보면, 그 삶의 단계마다 요구되는 큼직큼직한 완결들은 대부분 그 단위가 너무 크고 모호하고, 내가 진정으로 원한 것인지 스스로 검토해 보지 않았던 것들이 많다.

스몰 스텝을 실천하면서도 종종 어려움에 부딪치고 초조해지는 이유도 어쩌면 '좋은 과정은 결국 좋은 결론으로 귀결되어야 한다.' 라는 답을 스스로 믿고 있어서였는 지도 모르겠다. 결국 나는 순수하게 과정을 즐긴 것이 아니었다.

나는 이제 무작정 다른 사람들이 정해 놓은 보편적인 삶의 완결들을 쫓는 것을 하나씩 내려놓기로 했다. 대신 하루하루 내가 정한 작은 습관들을 실천하며 완결의 의미를 다시 정하게 되었다. 내가 과정을 즐기는 것이라 생각했던 스몰 스텝은 사실 하루의, 한 스텝의 '작은 완결' 을 즐기는 일인지도 모르겠다.

아침에 뻣뻣했던 몸을 움직여 10분 요가 동작을 완수하고 나면 몸이 유연해지는 걸 느낀다. 남편과 아이가 일어나기 전, 간단한 식사를 준비하고 가족들의 아침을 깨워준다. 아침에 빵을 먹고 싶은 것을 참고 레몬즙 한 컵과 영양제로 하루를 시작하니 속이 가볍다. 아침에 10분 정도 사설을 읽거나 필사하면 머리가 깨어난다. 저녁에 수영을 하고 간단한 스트레칭으로 마무리하고, 주방을 깨끗이 하면, 온 집안이 휴식으로 들어가는 것 같다. 노후를 계획하며 만들어 놓은 투자 파일을 이 주일에 한 번씩 정리한다. 매주 금요일, 남편과 대화하며 아껴둔 와인을 꺼내 마시며 일주일을 돌아본다.

그 하나하나가 매번 성공의 경험이고 완결이었다. 나는 지금 더 이상 어떤 과정 중에 있지 않다. 내가 정해 놓은 완결의 재미를 하루하루 맛보고 있다. 일생을 계속해서 쉬지 않고 단계를 밟아가는 것이 마음속 의무였던 삶에서 벗어나, 작은 성공에 집중하는 유연한 삶으로 바뀌고 있다. 자유로워지고 있다.

자기다운 삶에는 성공도 실패도 없다_
문수정

 자기다움을 가로막는 가장 큰 장애물은 '외부의 기준'이다. 외부 세계에 눈과 귀를 **빼앗긴** 채 중심을 잃으면, 달빛 없는 밤바다를 떠도는 작은 배처럼 삶은 늘 출렁인다. 외부의 그것은 누구에게는 성공으로, 누구에게는 경쟁으로, 인정으로, 소유한 것 등으로 존재한다. 그것이 삶의 척도가 될 때 우리는 내면의 목소리를 놓치고, 그 사람다움을 잃어버린다. 그러나 한 발 물러서서 자기 안의 속삭임에 먼저 귀 기울이고, 스스로의 존엄을 지켜낼 때, 비로소 그 사람다움의 항로가 열린다. 이 여정에는 성공도 실패도 존재하지 않는다. 타고난 고유한 형상을 출발점 삼아 이상을 바라보는 여정이야 말로, 완전한 삶의 의미이다. 이러한 여정은 자신의 가능성을 발견하는 것을 넘어, 자신이 진정으로 원하는 삶을 설계하고, 그 삶을 현실로 만드는 데까지 이르게 한다.

'나'로 살아가는 데 방해가 되는 것들

나는 얼마나 자주 나 자신에게 귀를 기울였는가? 내가 진정으로 원하는 것이 무엇인지 자세히 살펴보았는가? 타인의 욕망과 사회가 정의한 성공을 추구하며 나의 본성을 얼마나 무시하고, 희생하였는가? 과연 그 결과로 진정한 행복을 느낀 적이 있는가? 시시각각으로 변하는 주변에 부유하는 그것들로 인해 나는 얼마나 상처 받고, 주변에게 상처를 주었는가? 왜 나는 성취만이 삶을 개선한다고 무비판적으로 받아들였으며, 사회가 정한 기준을 충족해야만 진정한 삶의 질이 좋아진다고 생각해 왔는가?

과도한 운동으로 어깨회전근개의 염증과 파열로 1년 넘게 도수치료, 충격파, 주사 치료를 받았고, 결국 2년 후에는 수술대에 올라야만 했다. 이런 내 모습을 보고 누군가는 '참, 문수정 같다'고 했다. 이제 나는 이런 경험조차도 자책하지 않는다. 이것도 내 삶의 한 단편이자 나를 더 정확히 설명해 주는 장면이기 때문이다. 넘어지고, 부딪치고, 흔들릴 때마다 불안이나 원망 대신 '이 또한 나'라 인정하면 충분하다. 그렇게 수용하고 사랑하며 감사할 때, 상처는 묵직한 지혜로 변한다.

상처조차 나를 설명하는 한 장면으로

그 사람답게 산다는 것은 우선 자신이 얼마나 존귀하고 소중한 존재인지를 알아차리는 일이다. 내가 나를 사랑하지 못하는데 타인은 어떻게 사랑하고 이해하고 건강한 인간 관계가 가능하겠는가. 내 안에 있는 존귀한 그 존재를 발견하고 알아차리는 가운데 세상은 변하게 된다. 정확히 말하면 내가 세상을 보는 시선이 변하게 된다. 허용과 이해가 깊어지며, 불만보다는 감사가, 자책이나 원망보다 위로와 너그러움이 조금씩 쌓여 간다.

나는 이 과정을 통해 무엇보다 내가 나를 조금 더 허용하게 되었음을 깨닫게 되었다. 기존에 학습된 제도의 길들여져서 무언가를 이루어야만 존재 가치가 증명된다고 믿었던 그 오판때문에 그동안 내가 무언가 이루지 않아도 얼마나 나 자체로 충분히 아름답고 사랑할만 하며 값진 존재였는지 놓치고 살았다. 나를 진정으로 존중하고 사랑하면 값싼 욕망이나 저급한 탐욕에 불나방처럼 뛰어들게 두지는 않는다. 걸핏하면 '너는 왜 이 정도 밖에 안 돼?' 라며 몰아붙이는 대신, 순응과 자기수용으로 자신을 돌볼 수 있다. 모든 것이 삶의 조각들이고 어떤 것도 받아들인다는 사실을 받아들이게 된다. 그 때부터 배움이, 통찰이, 내일을 기대하는 희망이 들어선다. 이제부터 외부로만 향해 있던 모든 안테나를 내 안의 깊은 중심으로 바꿔보시길. 그리고 나를 알아가는 기쁜 여정을 지금으로부터 시작하시길.

308 -조금 예민하지만 잘 살고 있습니다